新日本の遺跡 ①

熊本県菊池市

三万田東原遺跡

九州縄文人の
アクセサリー工房

大坪志子 著

同成社

縄文のアクセサリー工房＝三万田東原遺跡を彩る出土遺物

▲クロム白雲母原石

◀石英にクロムを
含む原石

クロム白雲母原石（拡大・左）と粗割・成形段階の玉素材

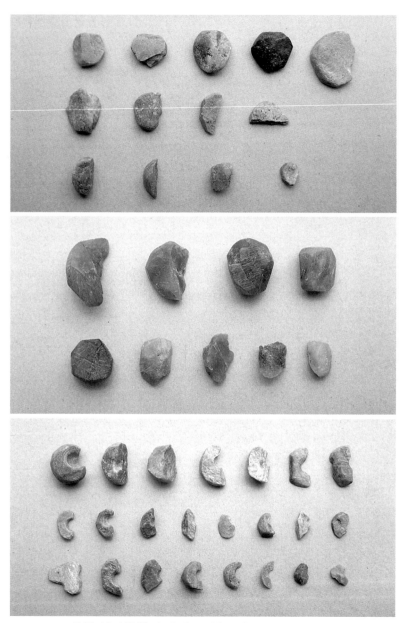

整形（穿孔準備）段階（上・中）と穿孔段階（下）の玉

微細剥片

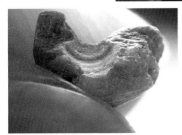

穿孔途中の玉や研削痕のある玉

★Ⅳ地点

1969年 竪穴建物発

■三万田東原遺跡標柱

Ⅳ地点1グリッド完掘状況

三万田東原遺跡全景（東より）と
小玉専門の製作工房跡＝Ⅳ地点

▼西壁土層中の玉　下の
　写真の○で囲った部分

Ⅳ地点1グリッド西壁土層

IV地点発掘調査風景

篩い作業によって検出された
クロム白雲母　拡大［左］す
るとおびただしい数の微細な
剝片もみえる

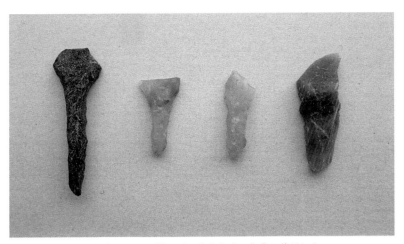

Ⅳ地点出土の石錐　玉に孔をあける作業に使用した

Ⅳ地点出土持ち砥石　玉を研削して成形した

鳥井原式の浅鉢 Ⅳ地点の時期を特定する土器となった

弁天山 三万田東原遺跡をはじめ、この山を中心にクロム白雲母製玉を出土する遺跡が多数存在する。原石の原産地は謎のままであるが、あるいは縄文時代にこの地で産出していたのだろうか

は　じ　め　に

　三万田東原遺跡を紹介してください、といわれたら、どう答える
だろうか。九州の熊本県北部に位置する、菊池市泗水町所在の縄文
時代後期後葉の遺跡である、という基本情報が最初の答えだろう。
そして少し詳しく、約100年前に地元出身の考古学者、坂本経堯に
よって発見された遺跡。当時はじまったばかりの九州の縄文時代研
究においてすでに注目されていた遺跡。さらに、縄文時代後期後葉
の「三万田式土器」の標識遺跡、などの答えが続く。最近の情報と
しては、考古学の世界では有名な九州特有の石製アクセサリー「三
万田型垂飾」の代表的な出土遺跡、ということになろうか。

　三万田東原遺跡が所在する旧泗水町や周辺の市町村の史誌などに
は、おおむねこのような内容が記述されている。たいていは三万田
式土器の位置づけと、土偶の多さと特徴、玉（石製装身具）に関す
る記述に紙幅がさかれている。その一方で、三万田東原遺跡全体を
語る記述はない。過去の発掘調査では2棟の竪穴建物を発見・発掘
調査をおこなったが、集落の規模や構造などは、不明のままだから
である。三万田東原遺跡は、遺物を通して認識されてきた遺跡であ
り、残念ながら遺構などによって具体的に全体を語ることは難しい
遺跡である。

　以上は、三万田東原遺跡において大きく分けて1度目の1931（昭
和6）年に、坂本経堯によって実施された最初の発掘調査と、2度
目の1969（昭和44）年の圃場整備を前にした発掘調査の成果、およ

び表面採集された遺物をもとにした、三万田東原遺跡のこれまでの評価である。１度目の発掘調査では、明確な遺構の検出はなく、以後はもっぱら三万田式土器の編年に注力された。２度目は、九州初の縄文時代後期の竪穴建物を発掘調査した事例となった。しかし、90ｍも離れた地点でポツンと発見された２棟の竪穴建物では、集落の復元にはおよばず、圃場整備後は、発掘調査が実施されることはなかった。表面採集された豊富な遺物が紹介され、先述した評価が定着した。

　それから約50年後の2017～2019（平成29～令和元）年、筆者が３度目の発掘調査を実施し、新たな評価を追加することができた。すなわち、三万田東原遺跡が縄文時代後期後葉に流行する石製のアクセサリー、玉の製作遺跡であり、縄文人が巧みに玉を製作した実態が判明したのである。

　この一連の流れで筆者が再認識したのは、発掘調査と考古学の発展の歩みとの密接な関わりについてである。特に、三万田東原遺跡の集落構造を解明できなかった原因は圃場整備だけではない。1931（昭和６）年から1969（昭和44）年ころの発掘調査や研究の状況を振り返ると、九州では竪穴建物の発掘調査事例は皆無にちかい。そもそも竪穴建物がどういう構造なのかまだ実態がわからず、認識・検出するのは困難だった当時の実情がみえてくる。一方で、多数の玉が出土する遺跡としての評価については、筆者が実施した３度目の発掘調査において、微細な遺物を逃さないことを念頭におきすべての土を篩にかけたことが、功を奏した。

　このように、三万田東原遺跡の集落構造の解明や多数の玉が出土する意義の追究は、発掘調査と考古学研究の進展、失敗と成功の積

み重ねの結果である。このことについては「第1章　三万田東原遺跡が注目されてきた訳」の最後にまとめたとおりで、約100年の研究の歴史をもつ三万田東原遺跡を紹介する意義は、まさにここにある。

も　く　じ

カバー写真：三万田東原遺跡出土の玉と石錐

装丁：辻聡

遺跡の特性

―三万田東原遺跡とは―

第1章 三万田東原遺跡が注目されてきた訳

(1) 遺跡発見と縄文土器「三万田式」

　縄文時代は、およそ16,000年前から2,400年前までの、約13,000年という非常に長い期間である。現在、縄文時代は草創期・早期・前期・中期・後期・晩期の6期に区分されており、各期の年代は図1のように考えられている。各期もそれなりの時間幅がある。そのため、それぞれの期は便宜的に初頭・前葉・中葉・後葉・末葉などに細分する。こうすることで、長い縄文時代のどのあたりのことを話しているのか、誰もが共通して理解できるようになっている。さらに細かい時間軸の目盛りとなるのが遺物であり、その最たるものが土器である。土器は、全国各地どこででも出土し、形態・文様・大きさが、一定の時間をおきながらたゆみなく変化する。その新旧を見極めて順に並べていくと、時間軸としての目盛りができあがる。これを編年という。この編年を、九州、四国、近畿……、九州では北九州・中九州・南九州など一定の範囲ごとに作成すると、地域同士の前後関係や同時性の比較が可能になり、交流関係も知ることができる（図2）。そして、こういう具合になる。「九州の縄文

草創期	約1万6,000年前〜1万1,000年前
早　期	約1万1,000年前〜7,500年前
前　期	約7,500年前〜5,500年前
中　期	約5,500年前〜4,200年前
後　期	約4,200年前〜3,200年前
晩　期	約3,200年前〜2,400年前
弥生時代早期	約2,800年前〜2,400年前

（弥生時代早期は九州北部玄界灘沿岸に限られる。）

図1　縄文時代の時期区分と年代幅

時代後期後葉の土器といえば、三万田式土器」、「三万田式土器が出土した遺構（竪穴建物や土坑）は、縄文時代後期後葉のものだ」。

　編年に使われるなんとか式という土器の型式名称は、初めて出土した遺跡の名前や地名からつけられるのが通例である。三万田式土器は、熊本県菊池市泗水町に所在する三万田東原遺跡で出土した土器に由来する。三万田東原遺跡の発見と記念すべき最初の発掘調査は、戦前にさかのぼる。

　遺跡の発見は、1931（昭和6）年8月3日、高校教諭であった坂本経堯の教え子が、畑で土器と石器を拾い、坂本にみせたことがきっかけだった（図3）。坂本は、地元泗水村の泗水住吉日吉神社の神官の長男として生まれた。27歳のころに、宮崎県や鹿児島県の各神社を巡り、神社所蔵の考古遺物に触れて考古学に興味をもち、熱心に考古学を勉強していた。坂本は、9月16日、畑に向かった。畑の畔には、耕作の邪魔になるからと遺物が積み上げられていた。坂本自身も遺物を表面採集した。長年、遺物を表面採集している地

	南部九州	北部九州	南西四国	瀬戸内・山陰
縄文時代後期	岩崎下層（中原Ⅱ類）	南福寺1・坂の下・西新田	（下益野）	中津Ⅰ
	（↑）	南福寺2　中津Ⅱ		中津Ⅱ
	中原Ⅳ類	山水　福田K2	宿毛	福田K2
	指宿	御手洗A？　小池原下層	（三里）	（松ノ木・布勢）
		（土佐井）		（なつめの木・布勢）
	松山	小池原上層	平城Ⅱ	津雲A・崎ヶ鼻1
	市来（草野）	鐘崎Ⅱ	平城Ⅰ	彦崎K1・崎ヶ鼻2
	（+）		（田村）	
	丸尾・納曽	御手洗C・（渡鹿）ー鐘崎Ⅲ（上唐原）		
		北久根山（宮下・山崎石町・飯田二反田）（辛川・松丸・松ノ木）	片粕	（四元）
	西平Ⅱ〜Ⅲ	西平		彦崎K2
	太郎迫	太郎迫	伊吹町	元住吉Ⅰ
	三万田・中岳Ⅱ	三万田	（+）	元住吉Ⅱ
		鳥井原	（+）	宮滝
	御領・中岳Ⅱ	御領		
	上加世田	天城・広田Ⅰ〜Ⅲ・大石		
		古閑Ⅰ・広田Ⅳ・貫川Ⅰ・大石		岩田4類

図2　縄文時代後期の土器編年

元の人にも会い、コレクションをみせてもらった。そして、そこが遺跡であることを確信したのである。ちょうどその年の４月、坂本にとって大きな転機があった。熊本県出身で大阪毎日新聞社社長（のち東京日日新聞社社長を兼ねる）の本山彦一が、坂本が勤務する高校に来校し、講演をおこなったのである。本山は、考古学に興味をもち、全国で発掘調査の財政支援をしていた。坂本の発案によるもてなしと高校の展示資料の解説を聞いて、本山は当時最新の機材や資金などの研究の援助を申し出たのである。そうして坂本は、1931（昭和６）年12月５・６日に実施した第１回第１次発掘調査を皮切りに、合計３回にわたって三万田東原遺跡の発掘調査を実施した。その結果、膨大な土器や石器、西日本初の土偶が出土したのである。

　この発掘調査が実施されたときには、すでに九州を代表する縄文時代の土器として西平式（標識遺跡：西平貝塚・熊本県八代郡氷川町）や御領式（標識遺跡：御領貝塚・熊本県熊本市南区城南町・1970年国指定史跡）が設定されていた。しかし、坂本はこれらには触れずに、三万田東原遺跡出土の土器は奈良県の宮滝式に近いと述べている。坂本は、三万田東原遺跡出土の土器が、西平式とも御領式とも違う新たな土器型式になるのではないか、と予想していたのかも

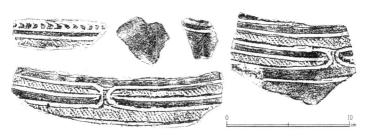

図３　坂本経堯が三万田東原遺跡を知る契機とされる土器

しれない。

　城南町（旧下益城郡城南町）の医師で、熊本県の考古学を牽引した一人である小林久雄は、1935（昭和10）年に「肥後縄文土器編年の概要」と「肥後縄文土器補遺」、1939（昭和14）年には「九州の縄文土器」と、熊本県や九州の縄文土器に関する論文を発表した。小林は、これらの論文で三万田東原遺跡から出土した土器は、西平式か御領式かのいずれかである、と主張した。小林の論文「九州の縄文土器」のなかに示された御領式の図面の1枚には、「御領式」とともに小さく「三万田式」と書かれており、これが「三万田式」の初出であるが、文章中や土器型式を年代順に整理した一覧表（編年図）には、三万田式とは記載しなかった。

　戦後になると、三万田式に関する研究が活発になる。1947（昭和22）年、坂本は熊本県の歴史を紹介する講演会用に小さなパンフレットを作成し、西平式と御領式の間に三万田式を位置づける解説図をのせた。西平式と御領式の間の、一つの土器型式として三万田式と明記したのは、これが初めてである。ただし、このときは西平式と三万田式を中期としており、時期に問題があった。小林は、戦後にも肥後もしくは九州の縄文土器に関する論文を1947（昭和22）年と1949（昭和24）年ころに2編執筆したが、一貫して三万田式を設定しなかった。

　1954（昭和29）年、乙益重隆（熊本女子大学、のち國學院大學）が、三万田式土器の特徴を明快に解説し、西平式と御領式の間に位置づける論文を発表した。乙益が示した土器の特徴は、1951（昭和26）年に坂本が自費刊行したプリントが大きく影響したようである。また、形態と文様が特異なグループがあるとして、三万田式を

後期の「三万田式 K」と晩期の「三万田式 B」の 2 つに分けて提示した。これ以後、三万田式は、土器型式として扱われるようになった。1956（昭和31）年に賀川光夫によって、三万田式は全国的に知られるようになり、江坂輝弥や鈴木重治など、多くの研究者が三万田式の形態と位置づけなどの研究を重ねた。そして1957・58（昭和32・33）年に乙益が提示した九州の土器編年が、おおむね定着した（図 4）。小林も、晩年にはこの編年にほぼ同意していたという。

1969（昭和45）年には乙益・前川威洋により、三万田式が九州一円に分布する土器と確定し、呼称も定着した。このとき、三万田式とされる土器には、西平式土器的な要素（磨消縄文系）をもつ土器と、御領式土器的な要素（黒色磨研系）をもつ土器の 2 つが含まれていたが、その後の研究の積み重ねによって、富田紘一により鳥井原式（黒色磨研系）が三万田式の後に、太郎迫式（磨消縄文系）が三万田式の前にそれぞれ分離・設定された。乙益が「三万田式 B」としたものが、太郎迫式の特徴をもつものである。三万田式は縄文時代後期後葉の時間軸の重要な目盛りの 1 つとなっている。

(2) 竪穴建物発見と集落遺跡の確認

坂本経堯の発掘調査によって、三万田東原遺跡は重要な遺

「熊本県の歴史」（文画堂、昭和32）、「熊本の歴史」（熊本日日新聞社、昭和33）による

形式名				時期
早水台※ 沈目※ 戦場谷 田中白坂 石清水	石坂	曽畑※ 日 勝山		早期
	吉田	手向山	轟※ 日木山 阿多	前期
	塞ノ神			前期
竹崎※		阿高※ 頭地※ 出水※ 南福寺※ 指宿	岩崎 綾 崎A	中期
	御手洗A※ 市来	渡鹿（西原）※ 鐘 御手洗B 西平※ 三万田K※	植野 崎	後期
		御領※ ワクド石 黒川 （三万田B）※ 山ノ寺 夜臼		晩期

（※県内遺跡、※※城南町遺跡）

図 4　乙益重隆の九州縄文土器の編年

　　　　　　　　　　　　　　　　　　第 I 部　遺跡の特性

跡であると認識されるようになった。その後は発掘調査がおこなわれることはなかったが、1968（昭和43）年に事態が急変した。三万田東原遺跡がある台地一帯に、圃場整備計画が浮上したのである。熊本県教育委員会は、調査体制が不十分ななかで、東西約500ｍ、南北約300ｍともいわれた範囲で、62カ所で試掘調査をおこなった。そして、地点ごとに重要度をランクづけし、重要地点を守るように圃場整備の計画が立てられた。

　ところが、ブルドーザーが稼働し始めると、重要とは考えなかった地点から多量の土器が出土した。地元の高校生による通報で、1969（昭和44）年2月5日から、緊急の発掘調査がおこなわれた。体制も時間も十分には整えられないなか、ブルドーザーのキャタピラの跡を縫って、土器が多量に出土する地点を選びながらの調査となった。なぜ、このような事態になったのだろうか。

　坂本による1931（昭和6）年の発掘調査でも、また1968（昭和43）年の試掘調査でも、竪穴建物やその他の遺構が検出されることはなかった。それは、1968（昭和43）年の時点において、九州では縄文時代の竪穴建物の発掘調査事例が2カ所しかなく、熊本県内では崖面にそれらしきものの断面が、2カ所で観察されたのみだったという背景がある。どういうことかというと、竪穴建物の実際の大きさや平面の形、深さ、構造、どのような土層に掘り込まれているのか、どのような土で埋まっているのかなど、基本的な情報が、まだ九

図5　三万田東原遺跡の標柱

州では十分に知られていなかったのである。さらに、後にわかることなのだが、熊本県では黒色の土層に遺構が掘り込まれ、遺構は黒色の土で埋まるため、遺構の有無を見定めるのはきわめて難しいという条件が重なった。熊本県の専門職員は、この状況を「黒に黒」と呼び、九州ではよく知られている。竪穴建物については、まだ手探りに近い時代、細長い試掘坑で捉えることは難しかったと考えられる。重要とは考えなかった地点は、耕作などで荒らされず、遺物が散乱せずに地中静かに残っていた竪穴建物に気づかず、逆に遺物が少ないということで、重要視されなかったのだろう。試掘調査では、土器が多量に出土したところは、下まで掘らずに保存したという。判断は難しかったが、惜しまれる。

キャタピラの跡のなか、土器が多量に出土した地点を掘削すると、円形の竪穴建物が検出された。床面がぎりぎり残った状態だったが、堅く踏みしめられた地点を床と見抜き、円形の竪穴建物を捉えることができたのだ。黒に黒でも、竪穴建物が少し深く、黒色の土の下の鮮やかなオレンジ色にちかい黄褐色のローム層（火山灰層）に達していると、上部では気づかなくても、床面辺りで見極め検出することができる。この検出できた竪穴建物は、当時の図面をみるとわずかながらローム層に達していたようだ（図6）。建物からは石器や土器、獣形勾玉、石で囲まれた炉が検出された。これが、九州で初めての縄文時代後期の竪穴建物の完掘事例となった。1号竪穴建物とされ、次いで、2号竪穴建物も検出された。十分に発掘調査する時間と体制はなかったが、合計2棟の竪穴建物が確認され、三万田東原遺跡は、縄文時代後期後葉の集落遺跡であることが確認されたのである。

⑶　縄文時代のアクセサリー製作遺跡

　石を材料にしてつくられたアクセサリーを石製装身具と呼ぶ。約13,000年という長い縄文時代に、大きく3回、石製装身具の全国的な流行があった。3回目の流行は縄文時代後期後葉（太郎迫式）～晩期（九州では晩期前葉、黒川式前まで）で、三万田東原遺跡が営まれていた時期（おもに太郎迫～御領式）である。流行したのは、0.5～3 cm前後の勾玉や管玉や小玉などだ。それまでに流行した石製装身具は、5～8 cm前後の大きさだったから、3回目は小型化したアクセサリーの流行となった。このような小ぶりのもの

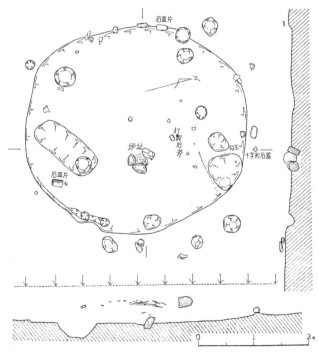

図6　1969年発掘調査で検出した1号竪穴建物

を、「玉」と呼ぶ（図7）。

　玉は、全国ほぼ共通して緑色の石材を利用している。1939（昭和14）年に、新潟県糸魚川市姫川の支流の小滝川で、日本国内で初めてヒスイの原産地が発見された。それまでは、日本国内で多数発見・出土しているヒスイ製品は、すべて外国から搬入されたと考えられていたため、発見は驚きをもって迎えられた。そこから、相次いで各地でヒスイ原産地が発見され、ヒスイの研究が進められた。1960年代後半からは、破壊せずに成分を分析することができる蛍光X線分析が考古学研究や文化財の調査に活用されるようになり、全国で出土する縄文時代の緑色の石製装身具が、糸魚川産のヒスイ製であることが次々に判明していき、人々を驚かせた。このような背景があったためであろう、縄文時代後期後葉〜晩期の緑色の玉は、ヒスイ製だという認識が広がり、定着した。もちろん、すべての玉をヒスイ製としたのではない。熊本県では、濃緑の石を孔雀石と呼び、孔雀石製と判定されることもあった。そのほか、蛇紋岩製や緑色片岩製などの緑色として知られる石材と判定されもされた。しかし、多くの場合は経験的な肉眼観察によってヒスイ製と判定されることが多かった。そうして、原産地である糸魚川周辺の遺跡を中心に作られた東日本の玉が九州へと伝わった、九州の玉は東日本の玉文化に倣った、と理解されるようになったのである。

　しかしこのような理解に変化が起こる。そのきっかけは、藁科哲男による上加世田遺跡（鹿児島県南九州市）出土の玉の蛍光X線分析だった。ヒスイ製として有名だったが、石材を分析した結果、ヒスイではないことが判明したのだ。石の種類は不明で「結晶片岩様緑色岩」と仮の名前がつけられた。そこで、筆者はこの謎の石の

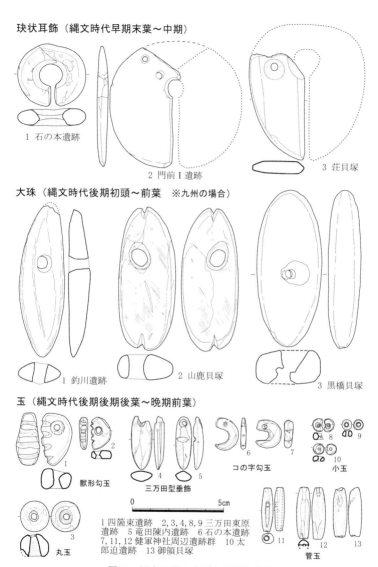

玦状耳飾（縄文時代早期末葉〜中期）

1 石の本遺跡

2 門前 I 遺跡

3 荘貝塚

大珠（縄文時代後期初頭〜前葉 ※九州の場合）

1 釣川遺跡

2 山鹿貝塚

3 黒橋貝塚

玉（縄文時代後期後期後葉〜晩期前葉）

1

2

獣形勾玉

4

5

三万田型垂飾

6

7

コの字勾玉

8

9

10

小玉

3

丸玉

0   5cm

1 四箇束遺跡　2,3,4,8,9 三万田東原
遺跡　5 竜田陳内遺跡　6 石の本遺跡
7,11,12 健軍神社周辺遺跡群　10 太
郎迫遺跡　13 御領貝塚

11

12

13

管玉

図7　縄文時代の主要な石製装身具

正体を解明し、これまでに出土している玉の石材を点検することにした。このとき、石材の正確な同定は破壊が必要とされたが、遺跡から出土した玉は、破壊することは困難だ。そこで考えたのが、①玉の石材の可能性がある石を遺跡で表面採集する、②破壊分析で石材を同定するとともに、非破壊分析（蛍光X線分析）をおこない、分析パターンを把握する、③藁科が分析した玉と同じものを分析して、分析パターンを照合する、④分析パターンの有効性が判明したら、その他の破壊できない出土品を蛍光X線分析し、分析パターンと比較して同定していく、という方法である。

まず、どこかの遺跡で原石を表面採集しなくてはならない。着目したのは、三万田東原遺跡だった。1969（昭和44）年の発掘調査では、竪穴建物から1点の獣形勾玉が出土しており、また、これまでに多くの人が足を運び、玉を表面採集していたからだ。畑の所有者に断って、しばらく4列並んだビニールハウスの間を歩くと、上加世田遺跡や、ほかのいくつかの遺跡で出土している玉の石材とよく似た石材を表面採集することができた。粉末X線回折（破壊：結晶構造の分析）、偏光顕微鏡観察（破壊：鉱物と片理等の観察）、蛍光X線分析（非破壊：元素の把握）を経て、三万田東原遺跡で表面採

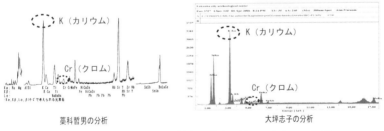

藁科哲男の分析　　　　　　　　　　　　　　　　大坪志子の分析

図8　大坪遺跡出土剝片の蛍光X線スペクトルの比較

集した石材はクロム白雲母と判明した。藁科が分析した玉を借用して、この玉の分析パターンも把握、照合したところ、三万田東原遺跡で表面採集した石材と一致した（図8）。結晶片岩様緑色岩は、クロム白雲母であると判明したのである。

　この結果をもとに、九州中の玉の分析をおこなった。これまで、九州の玉の約20%がヒスイ製とされていたが、実際は約4%だった。蛇紋岩や緑色片岩、碧玉など緑色の石材と鑑定されていたものも、誤認とわかった。九州の玉の実に約70%がクロム白雲母製であり、約20%が滑石だった。遺跡や点数の差は多少あるが、クロム白雲母を使わないという地域はない。九州中の縄文人がクロム白雲母で玉を作ることを共有し、何かしらの意味をもっていたようである。さらに、石材の分析を進めると、驚くべきことが判明した。これまで、東日本と九州に形がよく似た勾玉があることも、九州の玉は東日本の玉文化に倣ったとされた根拠の1つにされていたが、東日本の勾玉がクロム白雲母製だったのである。このほか、クロム白雲母製の管玉や小玉も、西日本を中心に分布していることが判明し

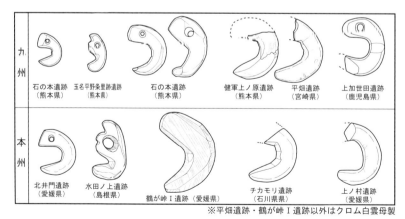

※平畑遺跡・鶴が峠Ⅰ遺跡以外はクロム白雲母製

図9　九州・本州出土のクロム白雲母製勾玉

たのである（図9）。クロム白雲母製の玉は、九州の縄文人が作り出した、九州ブランドのアクセサリーだったのだ。

　そして、重要なことがある。この石材の解明に役立った三万田東原遺跡で表面採集した石材の意味するところだ。縄文時代後期後葉のすべての遺跡が、玉を作って自給しているのではない。完成した製品を受け取る遺跡、あるいは製作途中で仕上げを残したものを受け取る遺跡もあるのだ。三万田東原遺跡で表面採集した石材が、玉を作るときの材料、原石だったということは、三万田東原遺跡が玉の製作遺跡であることを示すのである。

(4)　三万田東原遺跡でおこなわれた玉製作

50年ぶりの発掘調査　クロム白雲母製玉が、九州ブランドのアクセサリーだと判明した。けれども、どのような道具を使ったのか？　どのような手順で加工したのか？　九州の縄文人による玉製作の実態は、まったく不明であった。研究が進んでいる弥生時代の玉製作を参考にすると、たとえば穴をあけるための穿孔具（石針や石錐とも呼ばれる）は、とても小さい。このような遺物は、最初から意識をもって注意を払わなければ、発掘調査では見落としてしまう。九州では、ヒスイ製＝東日本製という認識もあり、玉の製作遺跡を意識して発掘調査を実施することがほとんどなく、玉の製作にかかわる小さな遺物は、回収されていなかった。遺物がなければ、実態の解明はできない。

　三万田東原遺跡は、前述したように玉の原石を表面採集できたことから、製作遺跡である可能性は非常に高いと考えられた。圃場整備による削平等の影響はあるだろうが、製作遺跡としての認識を

もって発掘調査を実施すれば、実態解明につながる成果が得られる
のではないか。筆者は、そう期待して発掘調査を計画した。計画で
は、生活の場兼作業の場であったろう竪穴建物を発見し発掘調査を
おこない、その際には土はすべて篩にかけて、微細な遺物ももらさ
ぬよう回収することを目的とした。

　広大な遺跡のなかで、どこを発掘調査するか。筆者は、原石を表
面採集した畑を調査地点にと考えた。その畑は、細かな土器片や黒
曜石の破片など、多くの遺物の破片が地表に散らばり、かつて坂本
経堯がみたように、隅には石器が積まれている。遺構がある可能性
が高いと考えられた。畑の所有者と話をして、ビニールハウスを避
けて、空き地になっている畑を掘らせてもらえることになった。こ
こから、1969（昭和44）年以来、約50年ぶりとなる三万田東原遺跡
の発掘調査が始まった。

　2016（平成28）年に、50×50 cm の試掘坑を５カ所で掘削してみ
ると、１カ所で土器や炭化物が出土し、そこが竪穴建物である可能
性が浮上した。翌年から、その地点を拡大するとともに、1969（昭
和44）年の発掘調査で竪穴建物が検出された地点の周囲など、３地
点４回の発掘調査を実施したが、予想以上に圃場整備による削平の
影響は深刻で、よい成果は得られず、三万田東原遺跡での発掘調査
は苦戦を強いられた。途中、三万田東原遺跡で畑を営んでいる地元
の人から、台地の南側では実際には圃場整備がおこなわれなかった
という話をうかがった。また、試掘調査のときに、三万田東原遺跡
に頻繁に表面採集にきていた福田正文から、発掘調査に困った場合
にと、よく玉を拾うことができるポイントを教えてもらっていた。
そこで、思いきって、台地の南端に発掘調査地点を移すことにし

た。

　2019（平成31・令和元）年12月、台地の南側にある畑の所有者の許可を取り、発掘調査を開始した。畑の北側は、圃場整備の影響がみられたが、南端は、まったく手つかずのようだった。耕作土である表土を除去すると黒々とした土があり、そこにはすでにクロム白雲母の破片と土器片が目についた。50×50 cm の試掘坑を 3 カ所で掘削してみると、土器片が出土し、撹乱を受けずに遺跡が良好な状態で残されていることが確認できた。約 9 ×4.5 m の範囲の表土を除去したが、掘削するすべての土を篩いにかけることを考慮すると、予定している 1 カ月の期間では、全範囲の掘削は無理だと判断し、4 等分して南西の 1 / 4 を掘削することにした（図10）。人力で掘削すると、クロム白雲母や土器や石器の破片が続々と出土した。測量機器で 3 次元の位置データを記録しながら、掘り下げていった。土の色が途中、黒から茶色に変わった。土は各層・遺構別に混ざらないように、ブルーシートに仮置きした。地山まであと少し、というところで、クロム白雲母や土器などが出土しなくなったため、ここで掘削を止めた。平らに掘り下げた地面をきれいに整えて精査すると、わずかに土の色が異なる範囲あることに気づいた。平面形と規模から竪穴建物だと直感した。土が黒から茶に変わった際に、見極められなった。「黒

図10　Ⅳ地点 1 グリッド完掘状況

に黒」ならぬ「茶に茶」にやられた、と思った瞬間である。熊本県文化課の方とともに、発掘調査区の壁をよくよく観察すると、竪穴建物の壁のような立ち上がりが確認できた。竪穴建物は、あと20 cm足らずで床面を検出できただろう。しかし、貴重な遺構であり、建物や道路工事で消える予定でもなかったため、将来へ保存することにした。竪穴建物の端が、発掘調査範囲の南端にかかった状況だった。南側には大部分の竪穴建物が残っているならば、掘削したかもしれない。しかし、その南側は、削られて一段低くなっていた。残っているかは微妙だったのである。

　掘削は正味3日間だった。掘削した土の篩い作業は掘削と平行しておこなっていたが、掘削が終わると図面描きや測量をする人手を除き、全員で篩い作業にとりかかった（口絵6頁、図11）。乾燥した土を篩にかけるのではなく、水洗選別という、土を水で洗い流す方法を採用した。土の性質上、するすると水に溶け、効率がよかった。1 mmの網目の篩に土を適量いれて、バケツやタライに半分ほど沈めて土を落としていくと、引き上げた篩にはクロム白雲母や滑石の玉や原石が、水にぬれてツヤツヤと輝いていた。それらをピンセットや串で拾いあげていったが、土の塊や土器片・石器片・なども篩には残る。小さな破片などを丁寧に探す時間はなかったの

図11　発掘調査現場での水洗選別の様子

で、篩に少し残った泥状の土も、念のために大学に持ち帰り再度点検することにした。

縄文人の技術復元　発掘調査では、クロム白雲母や滑石の原石、破片、未成品（製作途中の失敗品）が多数出土した。そして、持ち帰って再点検した泥のなかからも、小さいものでは1mmにも満たないような、微細な破片が多量にみつかった。玉の資料は、全部で2,420点にのぼった。作られていた玉の種類は、小玉に限られることがわかった。1つ1つ観察し、玉の製作工程を復元することができた。そして、この復元作業では、小さな破片が大きな役割を果たした。微細な破片はクロム白雲母に多く、滑石の破片はクロム白雲母に比べると大きかった。この原因は、それぞれの硬度にあると考えられる。ある程度粗割すると、クロム白雲母の場合は圧力をかけて割り取る押圧剝離で形を整え、軟らかい滑石は、砥石で擦って削ってしまうのだ。縄文人は、石の硬さに応じて効率よく加工する技術を使い分けていたのである。これは、土を篩って微細な破片を回収したからこそ判明した成果である。

　土を篩った大きな成果はまだある。念願の穿孔具が出土したのだ。口絵7頁上段のように、扇形の頭部がつく形で、大きさは1〜2cm前後と、小さなものであることが明らかになった。一番左の安山岩製のものは、先端が欠けているが、中央の2つのメノウ製のものは、先端が丸く摩耗しており、使ったことがわかる。硬度が高いメノウを利用していることも、注目される。

　めずらしい石器も出土した。しゃもじのような、ヘラ状の石器で、長軸の両側がツルツルに摩耗している（口絵7頁下段）。手に持つとしっくりくる。玉の製作遺跡では、溝砥石（または筋砥石）

と呼ばれる、玉専用の砥石が出土する。玉を磨く前後運動で、砥石に溝ができたものである。三万田東原遺跡の今回の調査では、溝砥石が出土せず不思議だったのだが、他の遺跡も含めて検討した結果、これは小玉を対象に手に持って使う砥石と判明した。小さな小玉は、溝砥石で磨こうとするとつまんだ指先まで擦れそうになるが、この手にもつ砥石を使うと、そのような問題が起こらない。縄文人は、玉の種類に合わせて、砥石も使い分けていたようである。

　三万田東原遺跡からは、原石も多量に出土した。そのなかには、外側が軽石のようにデコボコして、錆たように朱色で、なかは半透明の白色で所々緑色をした風変わりな石が含まれていた（口絵1頁中）。1997・1998（平成9・10）年に発掘調査された柊原遺跡（鹿児島県垂水市）では、綺麗な濃緑のクロム白雲母製の玉とともに、この変わった石で作られた玉が1点出土している。謎な石だったが、やはりクロム白雲母と関係があり、そして熊本県とつながった。筆者は、クロム白雲母の原産地は各地にあるのではなく、おそらく熊本県内に1カ所で、そこから九州中に供給されたのではないかと予想している。このほか、クロム（Cr）を含んだ石英（Quartz）も、遺跡に持ち込まれていた。三万田東原遺跡の西〜南西側には、

溝砥石の場合

持ち砥石の場合

図12　溝砥石と持ち砥石による小玉研磨の状況

石英や緑色の片岩を産出する地帯がある。そして、この山々をはさんだ反対側には、クロム白雲母製玉が出土する遺跡が集中している。まだ発見されていないクロム白雲母の原産地は、この付近の可能性が高いのではないかと期待が高まる。

⑸　三万田東原遺跡の歴史と考古学の歩み

　三万田東原遺跡の発見と認識は、先述したように土器や石器が出土する「石器時代の遺跡」から始まった。土器の研究が進み、しだいに編年が確立していくなかで、遺跡の認識は、竪穴建物の検出と完掘成功を経て、「縄文時代後期後葉の集落遺跡」となった。そして、大きく分けて3度目の発掘調査では、縄文時代後期後葉の「玉の製作遺跡」という新たな一面が加わった。

　三万田東原遺跡の縄文人は、クロム白雲母という、ヒスイより加工しやすい石材を得て、滑石も使用しながら、九州ブランドの玉の1つ、小玉を専門的に製作していた。石の硬さの違いにも対応する技術力と、玉の大きさに適した道具を使い分ける賢さを備えた人びとであったことが判明した。この成果は、発掘調査の際に掘り下げる土のなかに、一目では気づかず見逃してしまう微細な、しかし重要な遺物・情報が含まれていること、土を篩うことの意義と威力を実証した。

　そして、新たな課題をわれわれに投げかける。九州ブランドの勾玉・管玉・小玉は、いつからセットになったのか？　と。三万田東原遺跡の発掘調査を計画した当初、小玉専門の製作遺跡とは予想しなかったし、そのような遺跡の認識がそもそもなかった。これまでの玉の種類と遺跡の関係を、見直す必要がある。未発見の原産地探

索にも、少しヒントが与えられたようだ。

　三万田東原遺跡は、戦前から知られ歴史が古い。そして、これまでみてきたように、発掘調査を実施するたびに、遺跡の認識と実態が、変化・更新していった。このような遺跡の認識の変化は、わが国における考古学の歩みを見事に反映している。発掘調査による事例の積み重ね、調査技術の向上や工夫とそれに伴う成果、発掘調査と研究の進展のリンク、その反復。1つの遺跡で、このような考古学の発展の歴史をみせてくれる遺跡は多くない。実績が古い遺跡のみがもつ特性なのである。

　三万田東原遺跡が大切に保存され、将来にまた、新たな知見をわれわれに与えてくれることを願う。

第2章 | 三万田東原遺跡の環境

(1) 三万田東原遺跡の自然環境

　スペイン語で釜や鍋という意味の caldera（カルデラ）。熊本県東部に位置する阿蘇山のカルデラは、東西18 km、南北25 km の威容を誇る。このカルデラを形成する外輪山にある展望所大観峰に立つと、噴煙を上げる中岳と、カルデラのなかに広がる街と水田の、のどかで雄大な景色を一望できる。この阿蘇山の外輪山の西側には、有明海に向かって広大な台地が広がるが、それらは河川による浸食でいくつかの台地に分かれており、三万田東原遺跡はこのなかの1つ、花房台地と呼ばれるまったいらな台地上に立地している（図13）。

　花房台地は、北側を菊池川、南側を合志川にはさまれた細長い台地である。西にいくほど幅が広くなっており、三味線の撥のような形をしている。西に向かってなだらかに傾斜する低平な台地には、戦時中、陸軍菊池（花房）飛行場があった。滑走路はすでに撤去されてしまっているが、地図や航空写真をみると、飛行場の区画はいまでもわかる。また、関連施設の遺構が現在も周辺に残されており、それらをまわって見学する人も少なくない。

　台地の上はローム層、砂礫層、上部凝灰岩（上部帯水層）、花房層（不透水層）が堆積しており、降った雨水は地下に染み込む。このため、台地の上は水通しがよい分、全体的に水に乏しい環境であ

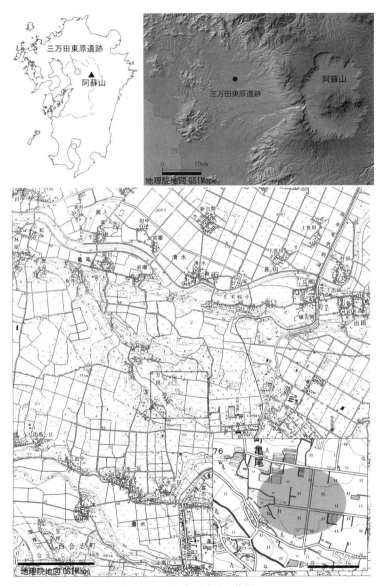

図13　三万田東原遺跡の位置

る。現在は約12km離れた竜門ダムから水を引いており、水田や畑がひろがっている。台地の際となる崖面各所では、不透水層の境から地下水が湧いている。

　三万田東原遺跡は、この花房台地のほぼ中央に位置している。遺跡がある地点の北と南にも湧水地点がある。それぞれため池になっており、そこから小さな川が流れ出ている。2つの小川は三万田地区の集落で合流し、北西に向かって流れ、やがて花房台地の北側を流れる菊池川となって最終的には有明海に流れ込む。このため、三万田東原遺跡が位置する場所は、この2つの小川が流れる小さな谷によって切り取られるような形で、花房台地のなかにできた小さな舌状台地のようになっている。地元では、北側の谷を裏谷、南側の谷を表谷と呼んでいる。現在、遺跡がある一帯は、水田や牧草地などの畑として開拓され、平坦で広く開けた景観（口絵4・5頁）である。しかし、1901（明治34）年に大日本帝国陸地測量部が測量し、1914（大正3）年に修正・発行された地図（図14）では、標高80〜83m程度のまさに舌状の丘陵で、周囲には針葉樹や広葉樹、そしてこの時代には村の副業だった養蚕のための桑畑がみえる。三万田東原遺跡は、丘陵頂部のやや平坦になった場所から、緩やかな斜面にかけて展開した集落だったと考えられる。遺跡の北側には、最近まで水が湧くところがあったそうで、遺跡で生活した縄文人は、この水を利用したのかもしれない。

　遺跡の範囲は、どのくらいだったのだろうか。坂本経堯は、南北約400m、東西約600mと推定している。南北400mというのは、開拓される前の地図の標高80mの等高線が、ちょうどその範囲に相当する。遺跡の東の端について、坂本は国道387号線（日田海

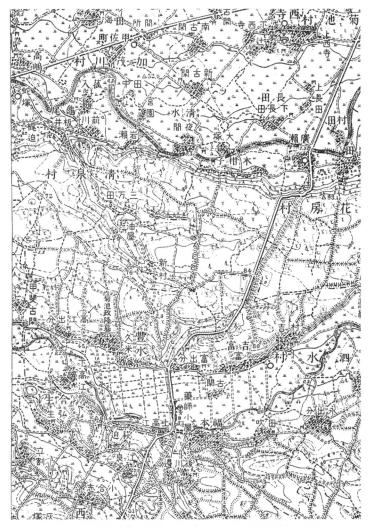

図14　清泉村時代（明治34年頃）の三万田遺跡周辺の様子

道）から西へ約600ｍ付近と推定している。これは旧清泉村と旧花房村との村境付近の道路から東へ200ｍくらいで、西丘陵の先端からとすれば約800ｍになる。三万田東原遺跡では、畑の大規模な区画整理のために、1969（昭和44）年に発掘調査が実施された。このときの事前の試掘調査では、村境の西側にある当時の里道より東側では、土器などの遺物の出土が予想外に少なく、遺跡があるのか不明瞭であるという結果だった。この里道の下から、1棟の縄文時代の竪穴建物が発見されているから、この付近までは遺跡の範囲と考えられる。しかしながら、東側はどこまで広がるのかは、明らかではない。

⑵ 「三万田東原」と伝承

「三万田東原」　1934（昭和9）年8月27日、九州日日新聞に三万田東原遺跡の発掘調査の記事が掲載された。そこには「熊本県菊池郡清泉村三万田東原にある石器時代の遺跡は……」とある。坂本経堯の調査日誌には「三万田東原石器時代遺跡」という記述があり、遺跡名は遺跡と認識された当時の地名から付けられたようだ。三万田東原遺跡の現在の所在地は、菊池市泗水町亀尾である。いまでは聞くことがなくなった「清泉村」、いまなお地区名や遺跡名として残る「三万田」。少し歴史を探ってみよう。

『菊池郡誌』によると、清泉村について「本村は亀尾・林原・蘇崎・小野崎・橋田の五大字より成る（略）」、「（略）清泉村を作り従来の村名は大字と改称せり」とあることから、大字となった5つの村を併せてつくられた村であることがわかる。清泉村は1889（明治22）年に、町村制実施にともなって誕生した村である。ちなみに、

村内のいたるところで清泉が湧くと記されている。大字になった龜尾村についてさかのぼってみると、龜尾村は「明治八年三萬田板井を龜尾村と改め（略）」と記されているから、当時7つあった村のうち三万田村と板井村の2つを併せて生まれた村のようだ。

　では、さらに三万田村についてさかのぼってみよう。江戸時代、細川藩は独特な行政区画「手永制」という制度を使用していて、三万田村は合志郡の「竹迫手永」という範囲に含まれる村の1つであった。これは現在の菊池市泗水町亀尾、同市七城町亀尾、同林原、同蘇崎、同小野崎、同橋田の範囲に相当する。「三万田」という地名は、村が合併していくなかでも小字として残り、いつしか場所を示す「東原」がついたと推定される。三万田地区の住人である久川主税が出版した『三万田の歴史と伝承』によれば、三万田地区の集落を通る現在の県道138号線より東側の花房台地一帯を東原、西側を西原と呼んでいたようで、遺跡名はここに由来するようである。三万田の集落は、寛永の頃（1627年）に第一祖が現在の本村と呼ばれる集落に入り開発が進められ、天保期（1840年）に新たに入村してきた人々が新村を興し、現在の三万田地区の原形ができたようだ。

　清泉村は1954（昭和29）年11月に合併して七城村になった。ところが、七城村大字亀尾字三万田の住民が地理的・経済的条件を理由に泗水村への編入を熱望したため、七城村になって半年ほどの1955（昭和30）年4月に、この地域は泗水村に編入された。その後、泗水村は1961（昭和36）年に泗水町、2005（平成17）年に菊池市となっている。三万田東原遺跡に関する文献によって、遺跡の所在地が泗水町（村）や七城町（村）となっているのは、間違いではなく

こうした事情によるのである。

　伝承「米原長者」と「油屋長者」　三万田という地名の由来に関する伝承が２つある。米原長者と油屋長者という、２人の長者の話だ。

　現在の山鹿市菊鹿町米原と菊池市木野の境付近に、米原長者という長者がいて、広大な土地と、多くの牛馬や使用人をもっていた。毎年一日で田植えをすることを自慢にしていたが、ある年、太陽が西の山に沈もうとしているときにまだ半分ほどしか終わっておらず、焦った米原長者は太陽を金の扇であおいだり、長い竿で引き戻したりしたがそれでも田植えは終わらない。そこで、米原長者は「油漕三千」を出して山鹿郡の日の岡山に撒いて火をつけ、この光で田植えを終えたという。この米原長者に油を提供したのが油屋長者で、「三万駄の油」を提供したので、油屋長者の住まいを三万田と呼んだというのである。思わずなるほど、とうなずきたくなるが、米原長者が灯した油の数（量）は「油漕三千」で、油の数（量）が違う。また、米原長者の伝承にはそもそも油を提供したという人物は登場しない。三万田の油屋長者とは、一体何者なのか？

　『泗水小史抄』という本には、「油屋天神横で県道と別れ西入り野道四〇〇ｍ余りの畑沿い雑木林崖下に塚らしいものがある。三万田の始祖で、菊池郡北通郷の米原長者に三万駄の油を送った人の塚だと、所の人は言い伝へている」と、泗水町三万田に油屋長者塚という塚があると紹介している。つづけて、江戸時代中期には、熊本米屋町（現在の熊本市の上通１丁目付近）にいた油屋平右衛門などの成功した油商人が、寺やお宮に灯籠などを寄進したり、村に橋を架けるなどした実例があるため、おそらく三万田出身の油商人が神社を祭るなどし、いつしか「油」をキーワードに米原長者の話と複

合したのではと、推察している。

　現在、三万田地区には県道138号線が通り、この道沿いには三万田地区の公民館と三万田神社がある。神社の石碑には、北畑天満宮（永享元年：1429年建立）、下谷天満宮（明暦2年：1656年建立）、上谷天満宮（江戸時代後期建立）の三社をお祀りしていたが、下谷天満宮を一部改修して合祀した（平成20年）と記されており、三万田神社はもともと下谷天満宮だったことがわかる。遺跡の環境のところでふれた1914（大正3）年の地図では、三万田神社付近に「油屋」という地名を確認できる。天神と天満宮は、ともに菅原道真公を指す・祭ることから、油屋天神とは地元の人びとの下谷天満宮の愛称だったと考えられる。これは、先述した久川主税の著書『三万田の歴史と伝承』でも、三万田地区の挿図の地図と文章によって公民館と油屋天神、油屋長者の墓を確認できる。油屋神社（本では油屋天満宮）は、「天明二年庄屋金兵衛〔1782（190年前）〕油屋天満宮ヲ新築シテ村民ノ願所ト成ス」と古文書にあるといい、かなり古くからあった神社のようだ。油屋長者については、今から千年くらい前に、三万田菌桂樹の下に油屋長者という豪族がいて、久川の祖父の代からの言い伝えでは、元は三万駄と書いたのをいつからか三万田と略して書いた、長者の屋敷址一帯の小字は今でも油屋ということで、屋敷址と伝わる場所の風景写真も載っている。油屋長者の伝承のモデルとなった人物は、実在した可能性がありそうだ。

　考古学の視点からも、おもしろい推察がある。遺跡である三万田東原の畑からは、作業中に沢山の縄文土器が出土していただろう。出土する縄文土器は、黒色磨研土器といって、油を含んだような黒くて光沢のある土器である。このため、土器が油壺と考えられ、米

原長者の伝承と地名がむすびついたのではというのである。三万田東原遺跡の往時の様子が思い浮かぶようだ。

　さて、米原長者はなんとか無事に田植えを終えることができたが、太陽を戻した天罰が下る。田植えを終えた日の夜、火が降ってきて屋敷や倉庫、蓄えていた米は燃えてしまった。燃えて砂のようになったものは、今でも残っていると伝えられている。久川の著書には、地元の人が掘り起こした炭化物の写真が掲載されている。坂本は、花房台地一帯に残る村名が、防烽（とぶひ）の名残をとどめているようだと推察、米原一帯を踏査して、鞠智城ではないかと考え、一編の論文を著した。そして、後に菊池市菊鹿町米原にある標高140ｍほどの低山の山頂に、幻だった鞠智城（2004年：国指定史跡鞠智城跡）が発見されるのである。

図15　鞠智城

第 **II** 部

遺跡のあゆみ

―発掘調査が語るもの―

第3章 遺跡発見と郷土の人々

　三万田東原遺跡の発見と最初の発掘調査は、肥後の若き考古学者と郷土の名士によってなされた。

　遺跡の発見と最初の発掘調査　三万田東原遺跡が発見されたのは1931（昭和6）年8月3日とされている。もっとも発見とはいっても、遺跡一帯の地元の人々の間では、農作業中に土器や石器が出てくることから、遺跡があるのではないかという漠然とした認識はあったようだ。契機は、組合立菊池西部実業学校（現熊本県立菊池農業高等校）の1年生だった坂本則雄と吉岡吉春が、夏の宿題として三万田東原遺跡で採取した石斧、石鏃、土器片数点を教諭であった坂本経堯にもたらしたことである（図3）。坂本自身も、小学校に就学する以前には、三万田の集落に嫁いだ伯母を訪ねて何度も遺跡付近の小径を通っており、その際には「黒光りする矢ノ根石」をみつけたという。坂本は、9月16日に生徒とともに三万田東原遺跡に赴いて踏査と表面採集をおこない、遺物を蒐集していた増田末八宅を訪ね、遺物を見学している。坂本の研究ノートには、「夢に見るたのしさが現実になったのだ」と記されている。

　三万田東原遺跡の発掘調査は1931（昭和6）年の12月（第1回第1次：12月5・6日、第2次：10〜12日）と、1934（昭和9）年8月（第2回：8月24〜26日）に実施された。

　第1回第1次の発掘調査は、「東西に長さ一〇間・幅一間の第一

発掘区と、その南側中央部に「T」字状に接する長さ一〇間、幅一間の第二発掘区が設定され」、発掘区の端部では精密な層序の観察をおこなっている。遺物の出土の様子については、三万田東原遺跡の遺物包含層は非常に浅く、耕作土に多くの遺物を含む、表土下30cm前後で多数の大型の連続破片がある、浅いために土器が小さい破片になるのは恨めしいと述べている。連続破片とは、割れた状態の接合可能な土器片のことであろうか。このほか、多くの遺物と、出土状況が詳細に記録されている。第1回第2次発掘調査は、第1回第1次の第2発掘区を、追加調査したものである。第2回の発掘調査は、第1回の発掘区の周囲に7カ所の試掘坑を設定し、ここでも多量の遺物が出土したようである。また、第2回の発掘調査では、西日本で初めての土偶が出土している。坂本は、「土偶の如きは東北地方から関東末紀の土器と似て居る点から見て其間にやはり文化の関連がある様に覚える」と、すでに東日本との関連を考察している。

　さまざまな遺物が得られ、遺物の埋蔵状態も把握された発掘調査であったが、遺構は確認されなかった。竪穴建物の確認は、約40年後のことである。

坂本経堯　坂本経堯は、1897（明治30）年5月5日に、地元の泗水住吉日吉神社の神官坂本経安の長男として生まれ、のちに第44代祠官に就いている。神職・教諭・考古学者の多方面で活躍し、多くの功績を残した（図16）。

　小学校（住吉尋常小学校）から師範学校（熊本第一師範学校）まで、成績は抜群に優秀で、毎年表彰を受けたという。第一次世界大戦後、住吉尋常小学校代用教員をしていた坂本は、1924（大正13）

年の27歳のころ、地元の菊池顕彰会の委員に推挙され、菊池市周辺の歴史と文化（菊池一族の菊池武敏の調査担当）を学ぶようになった。そして、宮崎県（三田井・延岡・西都原・高千穂地域）・鹿児島県（霧島神宮・鹿児島神宮・川内新田神社など）への巡訪で、各神社が保有する考古資料に触れたことを機に考古学に興味を持ち、この後、熊本県の天草や宮崎県の日向で考古資料のスケッチや実測図を作成している。猛勉強をした坂本は、考古学に興味をもってから2年足らずで基礎的な作業を習得したといわれる。考古学に興味をもって3年余りたつころには、郷土史研究に熱心な人として知られるようになっている。坂本にとって初のフィールドは、1926（大正15）年、高木原遺跡（合志市）の調査で、道路工事によって切通となった斜面に露出した弥生時代の竪穴建物の実測をおこなった。

　1930（昭和5）年は、坂本にとっては画期の年である。2月に菊

1971年上の原遺跡発掘調査現場にて　　　　　スケッチをする坂本経堯

図16　坂本経堯

池郡北村字米原を踏査して、「鞠智城」跡ではないかと推定している。後に、「鞠智城に擬せられる米原遺跡に就いて」を『地歴研究』に発表し、その慧眼を発揮する。5月、鳥居龍蔵（東京帝国大学、大正13年に辞職）の来熊を機に、丹辺総次郎、下林繁夫、小林久雄らとの間で肥後考古学会創立の話が持ち上がり、6月に熊本市子飼の久本寺で肥後考古学会が創立された。坂本自身は、1961（昭和36）年に第3代会長に就任している。9月には、先述した高木原遺跡の第1回発掘調査を実施し、熊本県初の弥生時代の竪穴建物を発掘調査した。10月、このような「多年郷土史の研究、史蹟の調査顕彰に努め、地方教育に貢献せし功績」によって菊池郡教育会から表彰を受けた。このように考古学者として目覚ましい活動を経た翌

表1　三万田東原遺跡における発掘調査歴

調査者	調査次数	調査期間	備考
坂本経堯	第1回第1次	1931年12月5〜6日	
坂本経堯	第1回第2次	1931年12月10〜12日	本山彦一視察
坂本経堯	第2回	1934年8月24〜26日	西日本初土偶出土
熊本県・泗水町		1968年7月27〜8月3日	試掘調査
泗水町		1969年2月5〜20日	九州初縄文時代後期の竪穴建物完掘
大坪志子(熊本大学埋蔵文化財調査センター)		2016年9月3日	試掘調査
大坪志子(熊本大学埋蔵文化財調査センター)		2017年11月13〜28日	Ⅰ・Ⅱ地点
大坪志子(熊本大学埋蔵文化財調査センター)		2018年7月30〜8月24日	Ⅰ地点拡張・追加
大坪志子(熊本大学埋蔵文化財調査センター)		2019年3月5〜12日	Ⅱ地点拡張・追加
大坪志子(熊本大学埋蔵文化財調査センター)		2019年7月8〜31日	Ⅲ地点
大坪志子(熊本大学埋蔵文化財調査センター)		2019年12月2〜2020年1月10日	Ⅳ地点

年に、三万田東原遺跡の発見を迎えるのである。

坂本は1932（昭和7）年に上京し、初めて考古学会に出席している。その際、鳥居、大場磐雄（内務省神社局、のち國學院大学）、濱田耕作（京都帝国大学）、後藤守一（國學院大學、のち明治大学）、森本六爾などの中央の学者と交流し、本山考古資料室、東京帝国大学、京都帝国大学考古資料室、大山史前学研究所、東京・京都・奈良の国立博物館などを巡り自由に研究する便宜を与えられた。後には、梅原末治（京都帝国大学）、末永雅雄（京都帝国大学、のち関西大学、奈良県立橿原考古学研究所）、内藤政恒（玉川大学、のち東京薬科大学）、和島誠一（東洋大学、のち岡山大学）らとも親交を持った。

坂本は、1946（昭和21）年に熊本県文化財専門委員・史蹟名勝天然記念物並国宝重要美術品調査委員となり、熊本県の埋蔵文化財保護行政の創成期を担った。行政から退いた後も、肥後考古学会会長として、多数の発掘調査の指導や保護などの調整に奔走した。国土開発と考古学ブームに湧いた、難しい時代であった。菊池川流域の代表的な院塚古墳（玉名市）は工場整地で消滅、山下古墳（玉名市）は旧国鉄の砂取り工事で消滅、弁天山古墳・国越古墳・向野田古墳（宇土市）は破壊・一部消失などが起こった。一方で、1968（昭和43）年度国庫補助金による熊本県の緊急調査など3次の発掘調査を経て、鞠智城は古代山城であることが確定し、現在の国指定史跡（2004年指定）へとつながった。九州縦貫自動車道建設では、高速道路を熊本市の塚原古墳群（1976年：国指定史跡、1990年：追加指定）の下に通すという離れ業で保存し、全国的に注目された。そのほか、国指定史跡二子山石器製作遺跡（合志市、1972年：国指

定史跡)、藤尾支石墓群、年の神支石墓、古閑原貝塚、竹崎貝塚など、熊本県内の多くの遺跡の発掘調査に携わり、大宰府政庁跡・沖ノ島・大野城跡（福岡県）・葉山尻支石墓（佐賀県）・安国寺遺跡（大分県）など、県外の重要遺跡の発掘調査にも携わっている。

　教諭であった坂本は、若い世代にも熱心に考古学の魅力を伝えている。昭和20・30年代は、高校考古学部の全盛時代で、特に田辺哲夫が率いる玉名高校考古学部、原口長之率いる山鹿高校考古学部は目覚ましい活躍をした。そして、それは「一に坂本の指導に負うところ」であったといわれる。1946（昭和21）年11月、1947（昭和22）年1月には、坂本は勤務校の熊本県菊池西部農業学校（「組合立菊池西部実業学校」を1944年に改称）で「肥後上代文化展」を開催し、後期の5日間で6000人の来場者があったといい、ほかの高等学校・中学校でも考古資料展を開催した。また、戦時中、三万田東原遺跡で畑作の勤労奉仕をおこなっていたときには、「土器や石器があったら、先生を呼ぶんだぞぉ」と生徒に声をかけていたと、後に回顧されている。1972（昭和47）年には熊本県教育庁に文化課が設置され、愛弟子の一人、田辺哲夫が初代課長に着任している。

　坂本は、神職としても多大な功績を残した。1929（昭和4）年、父の逝去に伴い住吉日吉神社の社掌を拝命、このほか近隣の9つの神社も兼務している。熱心に神職のつとめを果たし、1945（昭和20）年には、大日本神祇会から表彰を受けた。1967（昭和42）年には、神社庁から地方の神職としては破格の栄誉である神職身分二級上に列せられ、緋の衣を許されている。

　このような坂本の功績に対し、1971（昭和46）年に熊本日日新聞社による第21回熊日社会賞、全日本社会教育功労者の表彰、1972

（昭和47）年には勲五等瑞宝章を賜り、1974（昭和49）年に熊本県近代文化功労者として熊本県教育委員会から顕彰されることになった。坂本の蒐集資料と功績は、関西大学と菊池市の泗水歴史民俗資料館（坂本記念館）に展示されている。

　本山彦一　三万田東原遺跡の発掘調査を支援したのが、財界人・政治家であった本山彦一である。本山は、マシュー・ペリーが黒船に乗って日本にやってきた1853（嘉永6）年の8月10日、熊本藩士の長男として熊本市東子飼（現同市中央区井川淵町）に生まれた。藤崎八幡宮に近い砥台校区公民館の入り口付近には、「本山彦一翁誕生地」の石碑が建っている。10歳のときに父を亡くし、決して恵まれた幼少期ではなかったが、窮状のなかで熱心に勉学に励んだ。本山が学んだ塾の1つ、東皐塾からは近代日本医学の父といわれペスト菌の発見で知られる北里柴三郎や、西南戦争で奮戦した宮崎八郎らが輩出されている。本山は上京を果たし研鑽を積んだのちに、大阪毎日新聞社社長、73歳のときには貴族院議員になっている。

　本山は、学術・公益に貢献した人物である。京都帝国大学総長および学習院長を務めた荒木寅三郎は、本山を追懐して次のように述べている。「君が學に對する態度は、決して或一方の專門に偏することなく、先史考古學や、人類學や、昆蟲學、植物學等の方面は（中略）研究費などを提供する際には、君自身の趣味にこだわらず極めて廣い見地から、各專門の部門に互り、それぞれ適當に考慮して、援助せられた。（中略）要するに「學」に對する君の眼界が廣く、且、公平でなければ、到底出来なかったことと思ふ。私はそこに本山君その人の大きな常識を見る」。

　本山の学術・公益への貢献は、海流調査・気象観測・地震計設置

があり、1923（大正12）年、関東大震災が発生して甚大な被害が出た際には、大阪から災害支援をおこなっている。そして、考古学にも貢献したのである。考古学に興味をもったきっかけは、有名なアメリカ人動物学者エドワード・S・モースの大森貝塚発見の記事だという。本山の手控えには次のように記されている。「明治十年、米国人モールス氏ガ、地質學教師トシテ東京大学ニ聘セラレ、横濱ニ上陸、汽車ニテ東京ニ入ル途中、大森邊ニテ、石器時代ノ遺蹟アルヲ認メ、其翌日實地ニ就イテ發掘シタルニ、果シテ貝塚アリ。土器石器モ發見シ、當時ノ新聞紙ニ掲ゲラル。余ハソンナコトガ、ドウシテ解ルモノカト、實ハ嘲リ居タル程ナリ。然レドモ余ハ其頃ヨリコレニ關スル趣味ヲ覺ユルニ至レリ。其後其發掘品ハ上野博物館ニ陳列セラレタルヲ實見シタリ」。本山は、1929（昭和４）年に発起人となり、当時の大井町鹿嶋谷殿村氏邸宅庭前の１地点に、モースの功績を顕彰する石碑を建立している。

国府遺跡（大阪府）、府鉄銭址（山口県）、有田古陶窯跡（佐賀県）の発掘調査は、いわゆる本山の三大発掘といわれ、このほか津雲貝塚（岡山県）、西都原古墳（宮崎県）など、数多くの遺跡について発掘調査の実施（財政支援）や踏査をおこなった。三万田東原遺跡もその１つである。富民協会農業博物館の３階の１部を本山考古室として蒐集品の公開もおこなった。本山は、単に興味心だけで支援をおこなったのではない。たとえば、坪井正五郎が大和や河内に貝塚や石器を出す遺跡はない、と説いても、実際に踏査したところ土器や石器がないところはない、と検証している。国府遺跡の発掘調査は、「坪井博士の所説を覆し、近畿地方における石器時代の存在を学会に認識せしめた」とされる。また、この石器時代の考察

から、日本・朝鮮半島・中国の三国間の交流にも視点を向け、鳥居が朝鮮半島での調査を進めつつあることを聞くと、調査費の支援をおこなった。自身も東京人類学会の会員となっている。

　発掘調査以外では、1916（大正5）年に「古墳の發掘とその埋蔵物處分に關する請願書」を貴族員・衆議院に提出した。当時の古墳の発掘に関する法令と遺失物法により、盗掘と盗掘品の密売買が助長され、研究の阻害となっているとし、「速やかにかかる不當不備なる法令を改正して、其學の研究を自由にし、且、その研究の機会を平等ならしめよ」と訴えたのである。

　1931（昭和6）年4月、本山は組合立菊池西部実業学校を訪問し、講演をおこなった。このとき、本山を接遇したのが坂本だった。坂本の発案で、昼のもてなしにダゴ汁を出したところ、本山がいたく褒めたという。坂本から陳列資料の説明を受けた本山は、その日のうちに研究の支援を申し出た。坂本に多額の資金と新鋭の輸入写真機を提供することを約束し、同年から3カ年の「合志原史前時代研究」が計画された。本山は、翌1932（昭和7）年1月に羽衣高等女学校（現羽衣学園中学校・高等学校）の校長に就任、4月にはドイツのライプチヒ大学に本山教室を開設するなど、変わらず精力的に活動したが、12月30日に80歳で永眠した。同日付で勲一等瑞宝章、翌日付で従四位の位記追賜がなされた。

　本山の逝去は、坂本にとって大きな支えの喪失となった。本山も、故郷熊本での研究を見届けることがかなわなかったのは心残りだったろう。しかしながら、幸い財団法人宝積会が坂本を支援することになり、研究は継続された。

　坂本経堯と本山彦一の2人には共通する点がある。坂本は神職の

家系に生まれ、自身も神職として研鑽を積んでいる。本山は、少年期に明治維新を経験し、その人生の大半は神話にねざした歴史観のなかにあった。しかしながら、2人は神話にもとづく歴史観とは別の視点で日本の歴史に興味をもち、探求しようとした。発掘調査によって示される遺構と遺物から、冷静に歴史を見極めようとする学者としての姿がある。

福田正文　1951年生まれ、熊本市出身の在野の考古学者である。小学生（10歳ころ）から遺跡の踏査と遺物の表面採集を始めた。中学生のときに、教員の上野辰男の影響を受けた。上野も熊本県の考古学を牽引した1人で、後に熊本県教育庁文化課で文化財保護行政に従事した人物である。福田は、同じく熊本出身で小学生のときから表面採集活動をしていた4歳年上の吉田雅人とともに、生涯表面採集活動を熱心におこなった。もちろん、遺物を拾うだけではなく、知識も豊富だった。現在知られる熊本県の遺跡地図は、2人の長年の踏査と遺跡発見によるところが大きい。遺跡での土取りを発見した際には、そのトラックを追跡して、その土から遺物を採集したという、有名なエピソードがある。福田が、得意げに、愉快そうにその話をしてくれたのを覚えている。

愛媛大学の村上恭通は、やはり中学校時代に上野辰男から、福田に会うよう勧められ、以後熊本を離れるまで親交があったことを回顧している。ある雨の日、2人で熊本県菊池郡菊陽町の段々畑を歩き、めずらしい文様の縄文土器をみつけた。その土器は、後に富田紘一によって縄文時代後期中葉の「辛川式」と命名された。熊本大学の小畑弘己ほか、学生の何人かも、福田に表面採集に連れられ遺跡の立地を実体験として学び、遺物に関する教示を得たりした。筆

者も、何度か表面採集に連れていってもらったり、採集した遺物の話をきいた。福田は自衛隊に所属したことがあったといい、阿蘇山の高原に表面採集に出かけた際には、昼食はその場で炊いた飯盒のごはんだった。石器作りや土器作りも上手で、ボランティア活動をはじめとして、さまざまな場面でその技術と知識を披露し、指導した。筆者が三万田東原遺跡の発掘調査を検討し始めたとき、表面採集で顔見知りになっていたI地点の土地所有者と引き合わせてもらった。2016年、三万田東原遺跡の試掘調査が実現し、福田にも参加してもらった。その際、後述する玉の表面採集ポイントを教示してもらい、2019年の発掘調査につながった。縄文時代後期後葉の土器、三万田式の標識遺跡として著名な三万田東原遺跡、その発掘調査を福田も楽しみにしていたが、2017年、発掘調査を目前にして不慮の事情で鬼籍に入った。

　福田から表面採集の話を聞くたび、この人はいつ仕事をしているのだろうと思うほど、各地に出かけていた。それは、表面採集であり、遺跡のパトロールでもあった。筆者は、護岸のないある河川に連れていってもらったときの光景を忘れない。小さな波がヒタヒタと寄せる川岸の泥に、朽ちかけた木製の井戸枠がむき出しになっていた。目を凝らすと、周囲に遺物が落ちていた。今後どうなるのだろう、と心配したが、どうしようもなかった。福田は、こうした人間の活動や自然現象により失われた、あるいは失われつつある遺跡を数多く把握していた。その詳細な情報を、記録として残す機会が失われたのは悔やまれる。研究者としては名前が知られることはないが、熊本県の考古学を支えた一人である。

第4章 | 縄文土器「三万田式」の設定

　1931（昭和6）年、第1回の三万田東原遺跡の発掘調査が実施されたとき、坂本は三万田東原遺跡の発掘調査で出土した土器について、次のような所見を記した。「土器ハ鉢形・皿形ヲ主体トシ注口土器モ少ナカラズ。文様ハ縄文、羽状文、無文ニシテ、温黒褐色ヲ呈シ、研磨滑沢デアル」。第2回の発掘調査時には、出土した土器が奈良県の宮滝遺跡の土器に類似すると指摘した。一方で、これらの土器が西平式や御領式と比較してどうか、ということには触れていない。三万田東原遺跡の発掘調査を実施する前、坂本の9月19日のメモでは、自身が表面採集した土器や知人から寄贈された土器51点について形態分類を試みており、すでに西平式とも御領式とも異なる型式の可能性があると考えていたのではないだろうか。

　熊本県、いわゆる肥後地域の縄文土器の研究は、坂本とともに熊本県の考古学研究を牽引した小林久雄（1895-1961）に負うところが大きかった。小林は、三万田東原遺跡の発掘調査から約5年後の1935（昭和10）年に、九州の縄文文化に関する初めてのまとまった論考と評価される論文を発表した。「肥後縄文土器編年の概要」「肥後縄文土器補遺」である。小林は、三万田東原遺跡から出土した土器は、西平式か御領式である、三万田東原遺跡は両土器が併存する遺跡と評価した。続けて、1939（昭和14）年の「九州の縄文土器」では、九州の縄文土器を前期・中期・後期の3期に区分し、後期の

土器を御手洗 B 式・西平式・御領式とした。ここでも三万田東原遺跡出土の土器は、西平式と御領式であるとした。ただ、このとき御領式土器の図面として 2 つの図を挙げているが、2 枚目の図のキャプションは「第41図　御領式⑵三万田式」となっている（図17）。三万田式の文字はポイントを落とした小さな文字であるが、これが「三万田式」の初出である。小林は、三万田東原遺跡出土の土器のなかに、西平式の特徴である山形隆起下の押点が通常 1 個のところ 3 ～ 4 個あり、また、縄文を欠いている代わりに繊細な斜線羽状文を施したものがある、これは縄文の消失過程と細線による置換の傾向を示唆するとして、西平式とまったく縄文を施さない御領式との間に置かれる土器との認識を示している。

　1943（昭和18）年に寺師三國が著した『鹿児島縣下の縄文式土器分類及び出土遺蹟表』には、まだ三万田式はみられない。1947（昭和22）年、熊本県が主催して熊本県文化祭が催された。その一環の「肥後上代文化展」で坂本は講演しており、そのときにガリ版刷りの小冊子が作られた。『考古学上より見たる肥後の黎明』で、坂本は前期から後期までの遺跡として12遺跡と土器型式を提示した（図18）。坂本は、縄文時代を前期・中期・後期の 3 期に分け、三万田式を中期の土器として西平式（中期）と御領式（後期）の間に位置づけている。1937（昭和12）年に山内清男は日本列島を 9 区分し、縄文時代を早期・前期・中期・後期・晩期の 5 期に区分し、西平式は後期、御領式は晩期に設定した。坂本の時代区分は、この山内の時代区分を踏まえてお

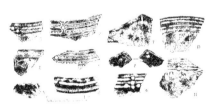

第 41 図　御領式土器　⑵　三万田式土器

図17　小さく添えられた「三万田式土器」

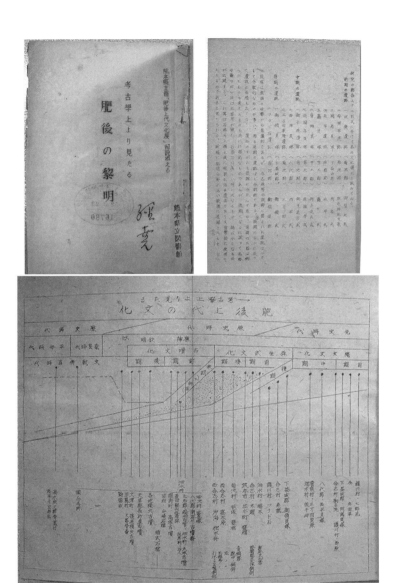

図18 『肥後の黎明』（坂本1947）の熊本県の遺跡と土器の編年図
（熊本県立図書館所蔵）

らず、編年的な位置づけは正しいものの、年代的な位置づけには問題があった。

　1954（昭和29）年、乙益重隆があらためて三万田式を西平式と御領式の間に位置づけ、その形態的な特徴を「器形は西平式に比べて胴部が張り出し、口縁の山形隆起がひくゝ、文様も畏縮した感じがあり、中には擦消縄文に代わつて細い貝がら羽状文のあらわれるのが特徴であろう」と解説し、三万田式とはどのような土器かが明示された。なお、この一文の冒頭には註があり、坂本の1951（昭和26）年の私刊プリントが示されている。さて、このとき肥後地域における晩期の土器様式は確立されておらず、具体的に論じる段階にもいたっていない状況であった。ここで乙益は、三万田式の一群の所属時期について晩期の可能性について触れている。その一群とされた土器の形態的特徴は「鉢形土器の肩部に「x」字状に組合さる三条の平行沈線を表し、その交会点に押点文を施した手法で（略）」とし、さらに、この特徴は奈良県宮滝式にみられ、東北地方晩期の大洞A式に比定されるものがある、としている。また、繊細な羽状文または斜線文様は全国的に晩期にみられる要素と共通していて、今後これらを後期とみるか晩期に所属させるか問題だろうとしている。

　その後、1956（昭和31）年、賀川光夫はそれまでの成果をまとめ、各型式を提示してそれぞれ前後関係を明らかにした。このなかで、三万田式を磨消縄文系土器の最終形態と位置づけ、三万田式を全国的に知らしめた。1959（昭和34）年、江坂輝弥は三万田式を「三万田K式」と「三万田B式」に細分し、「三万田K式」を西平式と御領式の間に設定し、御領式を後期の最後の土器型式に、晩期

の土器を「（三万田Ｂ式）」と仮設定した。1962（昭和37）年、鈴木重治は、先行する編年研究の6名8編年を1つにまとめ対応表を示しつつ、自身の編年案を提示した。鈴木は、再度御領式を三万田式と同時にＫとＢに分け、三万田Ｋ式・御領Ｋ式を後期末に、三万田Ｂ式を晩期初頭、それに続く土器として御領Ｂ式を位置づけた。鈴木のこの論文には取り上げられていないが、乙益は、1957年以来一貫して三万田Ｋ式を後期の最後に、御領式は細分せずに晩期の初頭に、三万田Ｂ式を黒川式の後ろに（　）づけで仮設定する編年案を提示しており、1965（昭和40）年には、現在のように三万田式の細分はなく、後期の最後の土器型式、西平式と御領式の間に設定している。また、九州西北部に分布する土器とされていたが、1969（昭和45）年、乙益・前川威洋による「縄文後期文化　九州」により、三万田式は九州一円の土器であることが確定し、呼称も定着した。賀川が三万田式は磨消縄文系土器の最終形態と位置づけたが、この時点の三万田式はいまだ黒色磨研系土器と磨消縄文系土器を含んでおり、土器編年の精緻化において三万田式の定義に重点が移った。

　そして、1977（昭和52）年に富田紘一により三万田式の後に鳥井原式が分離・設定され、1983・1987・1994（昭和58・62・平成6）年には太郎迫式が三万田式の前に分離・設定され、黒色磨研系土器と磨消縄文系土器の分離がなされた。その後も宮内克己、澤下孝信、水ノ江和同らによって、分類・細分が試行されて今日に至っている。

第5章 | 1969年の発掘調査

　三万田東原の台地に、圃場整備の計画があがった。重要な遺跡であることは重々に認識されていたが、当時東西約500ｍ、南北約300ｍと目された範囲は広大で、かつ調査に要する予算的な裏づけ、調査日程、調査員の人数などに関しては、万全の体制をとることはできなかった。とにかく、重要な地点を保存することを目指し、広大な範囲のなかで遺跡の中心地域を把握することが急務とされた。1968（昭和43）年、夏のことである。

　試掘調査　遺跡の全範囲について、まず踏査を実施し遺物の散布状況の確認がなされた。それに、過去に表面採集された遺物の散布状態の情報も加味して、調査地点の設定がおこなわれた。東西方向に基線Ⅰを設定し、南側にⅦまで、北側にはアルファベットでA～Dまでの合計11本、南北は、東から始め1～11までの線が50ｍ間隔で組まれた。そうして、50ｍ四方の北東隅に1×1.5ｍの試掘坑を合計55カ所に設定し、試掘がおこなわれたのである（図19）。

　この試掘では、大まかな層序、撹乱の様子、遺物包含層の深さ、保存状態の把握がおこなわれた。この55カ所の結果をみて、遺物包含層の状態が良好と考えられた範囲では、50ｍの中間点にさらにトレンチを設定して、最終的には全62カ所での試掘となった。結果は、西側の南北7～10、東西Ⅰ～Ⅳに囲まれた範囲において、層序の乱れが比較的少なく、遺構が存在する可能性があるが、ほかの地

点は土層の撹乱が著しくまとまった遺構が検出される可能性は少ないと判断された。この結果について、地表で遺物が目につく地点の遺物包含層は状態が良好とはいえず、むしろ今まで遺物が少なかった地点が重要だと評価された。

　試掘坑による発掘調査では、遺構はほとんど検出されなかった。概報にも書かれているとおり、設定された試掘坑は残念ながら狭かったと考えられる。また、調査方針では、層序が撹乱されていた場合は、基盤まで掘り下げて遺物の有無を確認したが、撹乱されて

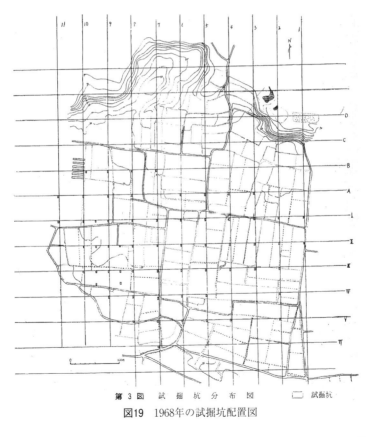

第　3　図　　試　掘　坑　分　布　図　　　⊏ニ⊐　試掘坑

図19　1968年の試掘坑配置図

おらず、遺物が多量に出土した場合には、保存が目的であったためそこで調査を中止したとのことだった。発掘調査の結果は、Ⅰ-9トレンチで積石土坑墓かと考えられる大小の礫群と長方形の浅い窪みが検出されたほかは、Ⅰ-3、Ⅱ-5で住居址の床面らしきものを検出したにとどまった。

以上は、1969（昭和44）年3月に刊行された『昭和43年度埋蔵文化財緊急調査概報』の内容だが、おそらくこの概報が準備されている最中に、事態は大きく動いた。

予想外の遺跡出現　先の試掘調査により地区の重要度をランク付けし、それにもとづいて圃場整備が設計された。遺跡の重要部分については、現状を変更しないかたちで実施される予定だった。ところが、ブルドーザーが整地を開始すると、さほど重要と考えていなかった地点から続々と土器が出土する事態となった。熊本県立鹿本商工高等学校の生徒石橋継義と同鹿本高校の生徒本田卓史の二人が、泗水町教育委員会に状況を連絡し、応急の処置がとられることとなったのだ。発掘調査は、1969（昭和44）年2月5日～20日に、坂本経堯、富田紘一、緒方勉、稲田誠也ほか鹿本高校の生徒が参加・協力して実施された。

あらかじめの予定や計画はもちろんないため、ブルドーザーのキャタピラのあとを縫いながら、土器が多量に出土する地点を選び、現場の地形に合わせてA~Dに区割りし、それに従い遺物の分布と広がりを確認していった。この範囲は、事前の試掘調査で重要と考えられた範囲の北側だった（図20）。

1969年までの調査事例　急転直下で、体制も時間も十分には整えられない状況のなか、三万田東原遺跡を発掘調査しなくてはならない

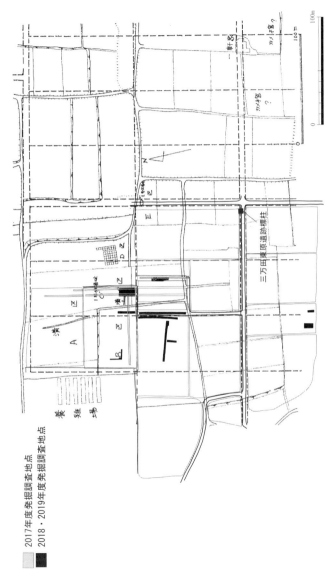

図20 1969（昭和44）年の発掘調査地点と2017～2019（平成29～令和元）年度発掘調査地点相関図

2017年度発掘調査地点
2018・2019年度発掘調査地点

事態となった。当時の縄文時代遺跡、とくに竪穴建物の発掘調査事例はどのような状況であったのだろうか。

　四方寄遺跡は、熊本市北区四方寄ほかに所在する遺跡で、大集落だったとみられるも、度重なる土取工事で消滅した。1962（昭和37）年以降、乙益重隆、上野辰男、高島忠平、伊藤奎二によって、土取工事のたびに調査が実施された。1963（昭和38）年に、乙益が文部省に出した報告には、遺跡と破壊の様子が記されている。A・Bの2地点のうち、B地点で崖面に竪穴建物の断面が露出しているのが確認された。発掘調査の手配中に破壊されてしまったが、破壊前の観察で、断面での規模が記録された。熊本市西区島崎3丁目に所在する千原台遺跡は、昭和初期に発見されて以降、土取工事による破壊がすすむなか、数度にわたり多量の遺物の採集がされた。1949（昭和24）年に、東光彦によって約40㎡の範囲が発掘調査された。遺物包含層の調査として遺物が回収されたが、断面に竪穴建物らしきものと考えられる箇所がある、と所見が残されている。

　四方寄遺跡や千原台遺跡以外の遺跡では、熊本県下における竪穴建物の発掘調査の事例に関する明確な記録がない。田畑遺跡（熊本市北区下硯川町）も、山林を宅地化した際に竪穴建物らしき跡と敷石・遺物が出土したというが詳細不明である。1931（昭和6）年、本山彦一の支援による発掘調査で、坂本経堯が最初に手掛けた桑鶴遺跡（合志市福原出分）も、縄文時代後期の竪穴建物が確認されたと伝えられる。坂本がおこなった当遺跡に関する講演の内容は残るが、調査記録は残っておらず、詳細不明である。このほか、遺跡と認識されている箇所は多いが、当時は発掘調査が実施されないまま、土取工事などで消失してしまった。熊本県外に目を転じてみて

も、1949（昭和24）に発掘調査された千束遺跡（佐賀県唐津市相知町千束）と1967（昭和42）年に発掘調査された伊古石遺跡（佐賀県西松浦郡有田町）くらいである。鹿児島県奄美大島の住吉貝塚と宇宿貝塚の住居は、積み石で構造が異なる。

　このようにみると、三万田東原遺跡の発掘調査を実施した当時、四方寄遺跡や千原台遺跡で観察した竪穴建物の断面形態が、縄文時代の竪穴建物の構造に関して知りうる情報のすべてだったと考えられる。実際、乙益は四方寄遺跡のレポートで、断面が竪穴建物のどこに相当するのかわからない、つまりどの部分の裁ち割りをみているのかはわからないとしている。平面プランや規模など、竪穴建物の全体像と詳細は、まだ不明だったと考えられる。

　「黒に黒」の難しさ　「黒に黒」とは、熊本県においてとくに縄文時代の遺構の掘り込み、もしくは埋没の様子を表す言葉である。黒色の土層に掘り込まれ、黒色の土が埋土であるため、遺構をみつけるのが非常に困難なのである。このことは、千原台遺跡の土層の観察によく示されている。「黒色土層八十糎あつて地山の黄褐色土層に移るあたりに多量の土器片が群集し、其の中に一箇の完形土器があつて底部直下に極めて堅緻な土層を確認したのである。その位置は地表下九十七糎、黄褐色土層上約十三糎の黒色土層下部にあり、一定の平面を保ちつゝ広がって（中略）遺物は床面下には全く認められず、完形土器其他は床面上に残されたもので、これより少しく上方の土器片の包含状況が乱雑であつたのは竪穴中へ投棄されたものかと考えられる」。また、縄文時代のように遺構が形成・廃棄されてからの経年が長いほど、掘り込み面では埋土と周囲の土が馴染んでしまい、遺構の輪郭は曖昧になる。このようなことから、熊本

県下における縄文時代の遺構、とくに竪穴建物の把握は、非常に困難なのである。竪穴建物の掘り込みが黒色土の下の黄褐色土層（地山のローム層）に達している場合には、断面での把握はやや容易になり、また平面的に掘削した場合でも、遺物の集中と範囲に注意を払っていればギリギリ床面を残して把握できる可能性がある。また、厄介なことに「茶に茶」の場合もあり、「黒に黒」同様掘り込みを面的に捉えるのが困難なうえに、この茶が地山のロームと類似していて、明瞭に捉えられない地点もある。

　このような観点から、三万田東原遺跡における過去の発掘調査を振り返ろう。坂本が最初に三万田東原遺跡の発掘調査を実施した1931（昭和6）年は、1925（大正14）年に高ヶ坂石器時代遺跡（牢場遺跡）（東京都町田市高ヶ坂）の発掘調査において、日本で初めて竪穴建物の構造が確認されてから、わずか6年後のことである。熊本県下の状況は先述したとおりで、縄文時代の竪穴建物の把握・検出は、非常に困難だったと考えられる。1968（昭和43）年の試掘調査は、縄文時代の竪穴建物の調査事例が未だ乏しい状況での実施であった。試掘坑が小さかったことと、なにより遺物が多量に出土した地点を、保存のために地盤まで掘削しなかったことは惜しまれる。千原台遺跡の竪穴建物と同じ状況で、竪穴建物を検出できた可能性がある。発掘調査の技術向上や考古学の発展は、類例と経験の積み重ねだと痛感する。

　九州初の縄文時代後期竪穴建物完掘　ブルドーザーが走り、土器片が散乱する。溝がみつかっても、精査の時間がない。そのようななか、C区で竪穴建物が発見された。九州で初めての完掘事例となった1号竪穴建物である。推定で表土下60〜70cmに床面が確認され

た。平面形は南北約4.0ｍ、東西約3.8ｍのほぼ正円である。床面
は硬く踏みかためられたようで覆土と区別された。そして、硬い床
は周辺になるにしたがって登り気味になって消える。南側の一部に
は壁らしい立ち上がりが若干みられた、と報告されている。写真と
断面図をみると、１号竪穴建物の立ち上がりはほとんどない（図
６）。ギリギリのところで竪穴建物と考え、床と壁を捉えたと考え
られる。竪穴建物中央のやや西に石で囲まれた炉があり、炉のそば
では打製石斧が出土した。西端と南端では石皿片が、北東隅からは
獣形勾玉が出土した。獣形勾玉の近くからは十字形石器も出土して
いる。

　ついで、Ｅ区で２号竪穴建物が発見された。ブルドーザーのキャ
タピラを追って土器片を回収していたおり、土偶と多量の土器片の
散布をみつけたことが、発見の契機だった。２号竪穴建物は、東西
4.1ｍ、南北2.75ｍで小判型のプランと報告されている。南北の壁
にヒョウタンのように微妙に括れる部分があり、２つの竪穴建物が
重複したようにもみえる。炉なのか、炭化物が詰まったピットが２
つ検出された。床からは石鏃や石刃、土製紡錘車が出土した。２号
竪穴建物はほぼ表面から床までの層的推移を捉えることができた。
粘性赤土のＶ層（ローム層）に15〜30ｃｍ程度掘り込まれており、
壁の立ち上がりも明らかだ。上層の褐色のⅢ層（Ⅳ層はこの地点で
はない）との界面は不明瞭で、掘り込みがⅢ層の途中からなのかど
うかは不明と報告されている。これは、後に筆者も経験するが、先
述した「茶に茶」のケースである。１・２号竪穴建物とも、太郎迫
式と三万田式の土器が出土した。こうして２基の竪穴建物は、縄文
時代後期の竪穴建物としては九州で初めての完掘事例となった。

このほか、A・B区でも遺物を回収したが、遺構探索には至っていない。1号竪穴建物と2号竪穴建物のちょうど中間地点に位置するD区でも、単に流れ込みとは説明しがたい多量の土器が出土したが、遺物の回収にとどまった。2号竪穴建物が発見されたE区は、広域に遺構が存在することは確実視されたが、発掘調査はできるだけ狭い範囲にとどめられた。第一部で紹介した久川主税によると、畑を馬耕していたときに、5坪くらいの範囲から土器が沢山出たため、下に何かあるに違いないと考えて、坂本に調査を要望するハガキを出した。結局調査は実施されなかったが、それがのちの2号竪穴建物だったという。これらの様子を総合すると、1号竪穴建物からD区を経て2号竪穴建物までの間には、多くの竪穴建物が存在した可能性が考えられる。試掘調査において、遺跡の中心部と考えられた範囲は、ほとんど未調査となり、その後も発掘調査はおこなわれなかった。この後、3月23・24日、配水管の埋設工事にともない、広域での土層観察をおこなって、発掘調査は終了した。

第6章 | 三万田東原遺跡とクロム白雲母

　縄文時代後期後葉（約3,400年前）、日本列島ではまた新たな石製のアクセサリー、石製装身具が盛行しはじめる。早期末葉〜中期中葉（約7,500〜5,000年前）にかけて盛行する玦状耳飾は、直径が5cm前後もある輪（円盤のピアス）、本州では中期中葉〜後期前葉（約5,000〜3,500年前）、九州では後期初頭〜前葉（約3,600〜3,500年前）にかけて盛行する大珠は、幅4cm前後、長さは8cm前後もあるかなり大きな楕円形のアクセサリーである。これらと比べると、後期後葉から盛行する石製装身具の大きさは、0.5〜3cm前後の勾玉や管玉や小玉などの、小ぶりのものである。このような小型の石製装身具を「玉」と呼ぶ。玦状耳飾や大珠は、基本的に単独で垂下して使用するのに対し、玉はいくつもの種類をさまざまに組み合わせて一つの装身具を作る。玉はそれまでの石製装身具とは大きさや使い方の点で、大きく変化している（図7）。

　玦状耳飾の登場とその起源については、まだ明らかにされていない。九州の縄文人は日本各地に遅れをとらずに使用しているが、製作の様子は不明である。大珠は、本州から伝わってきた石製装身具で、九州の縄文人も使用した。本来、大珠とはヒスイ製の威信財なのだが、九州では玉髄質のもの、石英、片岩、軽石など、ヒスイ以外にも多種多様な石材で作られており、色も白・黒・緑・オレンジ・灰と多彩である。形もオリジナルとは違うものもある。九州各

地の個性が反映されている反面、石材・色・形への拘りがない、あるいはルールがないともいえる。おそらく、九州に伝わる過程や九州内で広がる過程で、大珠本来の情報が失われてしまったのだろう。ところが、縄文時代後期後葉の石製装身具の盛行に対しては、九州の縄文人はそれまでとは違う反応をみせている。彼らにとっては、格別なできごとだったのではないかと考えられる。九州の縄文人が強い関心をみせた石製装身具について、詳しくみていこう。

　ヒスイ原産地の発見　石製装身具の材料として利用されている石、石材については、日本列島のどの地域をみても緑色の石が使われている。縄文時代の石製装身具に使われる緑色の石といえば、一番にヒスイを思い浮かべる人が多いだろう。かつて、日本国内ではヒスイは産出せず、古墳やそのほか遺跡から出土するヒスイ製品は、すべて大陸からもたらされたと考えられていた。新潟県の文人相馬御風は、奴奈川姫の伝説から熱心にヒスイの原産地を探求していた。1938（昭和13）年、相馬の示唆のもと、地元の伊藤栄蔵が新潟県糸

魚川市の姫川支流の小滝川で拾った石を東北帝国大学理学部岩石鉱床学教室の河野義禮がヒスイと鑑定し、1939（昭和14）年に論文「本邦に於ける翡翠の新産出及びその科学性質」を発表した。考古学の研究者にヒスイ発見が伝わったのは、2年遅れの1941（昭和16）年である。旅順博物館で偶然この論文を目にした島田貞彦が、すぐに著したわずか2ページの彙報「日本発見の硬玉について」

図21　ヒスイ原産地
（新潟県糸魚川市小滝）

によって、日本国内にヒスイの原産地が存在することが知られるようになったのだ。このほか、1923年にヒスイらしき「純白の小礫」を拾った八幡一郎（東京教育大学）も、早くから日本国内にヒスイの原産地があるのではないかとさまざまな考察をめぐらし、調査すべき地点は「すなわち姫川渓谷の方面で」、「飛騨の渓川」を候補地

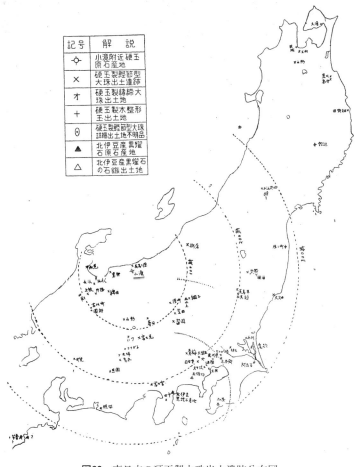

図22　東日本の硬玉製大珠出土遺跡分布図

と予想している。論文「硬玉の礦脈」は、「とにかく輸入品と考えられ来った先史時代の硬玉が、実は飛騨産であった、と述べられる日が来るかもしれぬという予測だけは立てられるのである」という一文で結ばれている。

さて、糸魚川市姫川支流小滝川でヒスイの原産地が発見されたのだが、それでもしばらくの間は①国産説（糸魚川産のヒスイを遺物に利用している）、②国内多元説（小滝川だけではなく、日本各地に未確認の原産地があり、そのヒスイを利用している）、③渡来説（ミャンマーなどからもたらされたもの）の間で議論が続いた。1960年代から、茅原一也（新潟大学理学部）がヒスイの研究とともに、非破壊分析の文化財調査へ導入し、文化財（出土遺物）の産地同定の先駆けとして分析を進め、1960年には関東北部の三波川変遷帯系や北海道神居古潭渓谷のヒスイは「硬玉岩としては使用できるものではない」との見解を示した。寺村光晴もヒスイ採取のきっかけであるヒスイ製大珠やそのほかのヒスイ製品の出土や製作の痕跡の有無から、鳥取県若桜で確認されたヒスイは利用されていないとして、糸魚川産のヒスイが唯一の原産地であるという見解を示した。こうして、渡来説や多元説に終止符が打たれたのである。

ヒスイと謎の石　鹿児島県南さつま市（旧加世田市）に所在する上加世田遺跡は、1968年以降、発掘調査によって多くのヒスイ製の勾玉・管玉・小玉が出土したことで有名な遺跡である。当時、京都大学原子炉実験所の藁科哲男が、これらを蛍光X線分析（非破壊）という方法で分析した結果、ヒスイではないことが判明した。蛍光X線分析だけでは、石の種類を特定できなかったが、ヒスイではないことは明らかだった。藁科はこの緑色の石に「結晶片岩様

緑色岩」と仮の名称をつけた。そして、九州内にいくつか結晶片岩様緑色岩製の玉があると指摘した。上加世田遺跡では未成品も出土しており、玉の製作をおこなったと考えられるため、上加世田遺跡から九州各地に玉がもたらされたのではないか、と提唱したのである。筆者も、上加世田遺跡の玉の調査（観察・実測・写真撮影）をし、色の具合や質感などは把握していた。そうして、九州各地で同じように玉の調査をおこない、博物館の展示をみるなどするうちに、藁科が指摘した以外のいくつかの遺跡で出土している玉も、結晶片岩様緑色岩製の可能性が高いことに気づいた。それらは、ヒスイ・蛇紋岩製・緑色片岩製・碧玉製などのさまざまな石材として報告書には書かれているが、どうやら結晶片岩様緑色岩のようだった。自然科学分析の費用が高価で今ほど定着していなかった時代、石の判定は、発掘調査の担当者がみた目で判定していた。このため、同じ石でも呼び方が違ったり、あるいはその逆であったり、正確ではない判定が下される場合もあったのである。

　さて、この謎の結晶片岩様緑色岩石であるが、石の種類がわかれば、特徴からどこで採れるのか原産地を探す手がかりになる。もし原産地がわかれば、どこで作られて、どのように広がっていったのか実態がわかる。玉の石材を正確に把握することは、とても重要なことである。筆者は、謎の結晶片岩様緑色岩石の正体を解明したい、さらに各遺跡の玉の石材が、同一のものであることを科学的に正確に証明し、どのくらい広がっていたのかを解明したい、と考えた。

　石材の正確な同定には、破壊を伴う分析が必要とされた。しかし、文化財である出土品を一部であっても破壊することは、なかな

図23 三万田東原遺跡採集原石

か困難なことだ。どうすればいいか……。そこで次のような手段を取ることにした。

最初に、三万田東原遺跡で踏査（表面採集、ジェネラルサーヴェイともいう）をおこない、原石と思われる石を拾った。畑の所有者に一言お断りをいれ、許可をいただいて畑のなかを歩き回ったのだ。三万田東原遺跡にいったのは、ここで昔からよく玉が拾われて、一部紹介もされていたからである。

次に、拾った石を分割して、①粉末Ｘ線回折（破壊）、②偏光顕微鏡での剥片観察（破壊）、③蛍光Ｘ線分析（非破壊）、の３種類の方法で分析した。これらの結果、拾った玉の原石らしき石は、クロム白雲母と判明した。

さて、拾った原石らしき石の同定はうまくできたが、この石と遺跡から出土している玉の石材が一致することを証明しなくてはならない。そこで、藁科が分析したものと同じ資料（鹿児島県出水市大坪遺跡出土資料）を借用し、③と同じ分析器で分析した。結果は、

三万田東原遺跡の採集資料　　　　"長崎ヒスイ"　　　　　　　ヒスイ
（クロム白雲母）　　　　（炭酸塩鉱物 - 石英岩）　　　（ヒスイ輝石岩）

図24　偏光顕微鏡による結晶構造の観察

拾った石と大坪遺跡の資料は、成分（元素）と特徴が一致した（図8）。ここでようやく、蓼科の結晶片岩様緑色岩は、クロム白雲母であると同定できたのである。

コラム：蛍光Ｘ線分析と具材の話

　岩石を構成し、単体で大きな結晶にもなる鉱物は、元素とその結晶構造で特徴づけられる。結晶構造は、単斜晶系・立方晶系・三方晶系など６つに分類され、さらに細分される。この結晶構造を分析するのがＸ線回折である。物質にＸ線を照射すると、各原子に属する電子によってＸ線は散乱し、干渉し合い、特定の方向へ強め合う（反射光）。これをＸ線の回折現象といい、反射光の強度と角度を測定・分析して結晶構造を解明する分析法である。

　考古学では、蛍光Ｘ線分析のほうがなじみがあるだろう。物質にＸ線を照射すると、物質を構成している元素は、それぞれ固有のエネルギー（波長）をもつ蛍光Ｘ線を発生する。この蛍光Ｘ線のエネルギー（波長）を測定することで物質に含まれる元素がわかり、エネルギー（波長）の強さからは濃度を知ることができるという仕組みだ。鉱物のなかには特有の元素をもつものがある。石製装身具に使われる石材では、Na（ナトリウム）が検出されればヒスイ、Rb（ルビジウム）が検出されればアマゾナイトといった具合だ。しかし、多くの石材は、同じような元素で構成されており、判定は石材を構成する元素の種類と濃度（重量％）のパターンから読み解く。こうした具体的な判定の様子はあまり知られておらず、見慣れない石があると分析してくれないかと頼まれるときがあるが、分析器が「これは○○です」と判定してくれるわけではない。そう話すと、がっかりされるが仕方ない。筆者も分析に携わるまでは知らなかった。そこで、折に触れ分析の話をしている。適当な例えかどうかはわからないが「牛肉・人参・じゃがいも・玉ねぎが材料

の料理はなに、と聞かれたらどう答えますか？　それは、カレーかもしれないし、シチューかもしれない。肉じゃがかもしれない。具材だけの情報では決められないですね？」と。

　筆者が次項で紹介する悉皆調査を希望したときに、岩石の専門家が石材判定シートを作成してくれた。玉に使われる石材に共通する元素（具材）を選び、その検出結果（測定値）を入力すると、クロム白雲母、碧玉、滑石……と判定してくれるのだ。複雑な計算式が織り込まれた、魔法のシートである。岩石と分析に関して素人同然の筆者の背中を押し、援助をしてくれたその人に、感謝の念は尽きない。

　悉皆調査　クロム白雲母を蛍光X線分析した場合の、元素の分析パターンを把握することができた。これで、出土品を破壊することなく、クロム白雲母であるかどうかを判定できるようになった。また、先述したように、ヒスイや蛇紋岩などの緑色の石の混乱もあることから、緑色の石全般を判定することも必要だと考えた。そこで、緑色の石の玉を中心に縄文時代後期後葉から弥生時代早期にかけての玉について、徹底的に自然科学分析を実施した。分析は、福岡市埋蔵文化財センターと、携帯用蛍光X分析器で進めた。対象としたのは299遺跡1745点である。

　これまで、発掘調査報告書に記載されていた石材は、薬科の分析結果が一部すでにあったものの、ヒスイが約20％、蛇紋岩が18％、緑色片岩が6％、碧玉が9％、滑石が3％という具合だった。しかし、分析結果では、ヒスイはわずか4％、約70％をクロム白雲母が占め、滑石が約20％、残りが雑多な石というものだった（図25）。縄文時代後期後葉から弥生時代早期の玉の石材は、そのほとんどがクロム白雲母製だったのだ。しかも、九州各地で確認された。遺跡

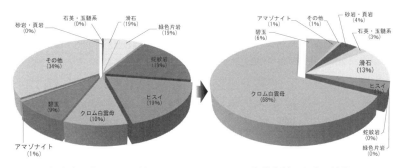

報告書記載による石材比　　　　　化学分析による石材比

※弥生時代早期を除くと、碧玉・アマゾナイトがなくなり滑石の率が約20%となる

図25　縄文時代後期後葉から弥生時代早期の石製装身具の石材比

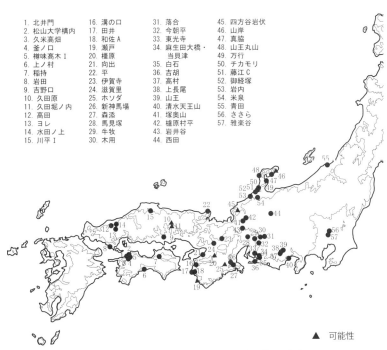

1. 北井門	16. 溝の口	31. 落合	45. 四方谷岩伏
2. 松山大学構内	17. 田井	32. 今朝平	46. 山岸
3. 久米高畑	18. 和佐A	33. 東光寺	47. 真脇
4. 釜ノ口	19. 瀬戸	34. 麻生田大橋・	48. 山王丸山
5. 樽味高木I	20. 橿原	当貝津	49. 万行
6. 上ノ村	21. 向出	35. 白石	50. チカモリ
7. 稲持	22. 平	36. 吉胡	51. 藤江C
8. 岩田	23. 伊賀寺	37. 高村	52. 御経塚
9. 吉野口	24. 滋賀里	38. 上長尾	53. 岩内
10. 久田原	25. ホソダ	39. 山王	54. 米泉
11. 久田堀ノ内	26. 新神馬場	40. 清水天王山	55. 青田
12. 高田	27. 森添	41. 塚奥山	56. ささら
13. ヨレ	28. 馬見塚	42. 樋原村平	57. 雅楽谷
14. 水田ノ上	29. 牛牧	43. 岩井谷	
15. 川平I	30. 木用	44. 西田	

▲　可能性

図26　クロム白雲母製玉が確認された本州西部の遺跡

や出土量の多寡はあるが、クロム白雲母製玉の出土が九州のどこか
に偏ることはないのである。九州中の縄文人が、クロム白雲母製玉
を主として使用していたことが判明した。

　さらに、本州の西半を中心に、石材の調査を実施した。すると、
57遺跡150点の玉がクロム白雲母製であることが判明した。クロム
白雲母製玉は、おおむね現在の石川県・岐阜県・静岡県を結ぶライ
ンの西日本に広く、遠くは新潟県にまで分布していることが判明し
たのである（図26）。

コラム：蛍光Ｘ線分析器と空を飛ぶ

　上加世田遺跡（鹿児島県）、太郎迫遺跡・山海道遺跡（熊本県）、高原
遺跡（福岡県）などなど。別府大学博物館で大石遺跡（大分県）の玉を
みながら、それまで実見した九州各地の玉を思い浮かべた。どこの玉の
石も同じで、藁科のいう結晶片岩様緑色岩ではと予感したのだ。そこ
で、九州中の玉、特に緑色の石を分析することにしたのだが、あいにく
筆者は蛍光Ｘ線分析器（以下分析器）をもっていなかった。分析器に
は、機器の能力・特性があるから１つの機器で統一することが望まし
い。そこで、分析は福岡市埋蔵文化財センター（以下埋文センター）に
一手に引き受けてもらった。リストを作り、所蔵先に借用にいってもっ
て帰り、それを埋文センターに預けにいく。分析が終わったら、引き取
りにいき、大学で実測・観察・写真撮影をする。そして、所蔵先に返却
にいく。これをひたすら繰り返した。一度に数カ所ははしごするため、
自家用車で移動した。車の整備の際、あまりの走行距離に、整備士が
「あの方の職業は……？」と不思議がったと、のちにディーラーの担当
者に聞いた。九州内と中国地方・北陸（ここは飛行機で往復）はこんな
調子だったが、これらの分析成果をもとに、科学研究費補助金を獲得
し、念願の携帯型の分析器を手にした。これで、遠方地域の遺物の運搬

中のリスク、借用・返却の労がかなり軽減した。「ハズレ」の場合の傷が浅かったのも大きい。発掘調査報告書にカラー図版があれば、クロム白雲母製と予見できるが、白黒図版だと実測図の形態と文章中の「緑色の石」を信じるしかなく、石材の説明に色の記述がないときは、もう賭けだ。借用の取り決めを事前にかわして取りにいき、ハズレだった場合は悩ましいことになる。実測図の形態をもとにした予見が当たり、幸い借用をしていたときにこのようなことはなかったが、分析器を持ち歩いていたときには一度だけ「やられた！」ことがある。このようなわけで、携帯型の分析器はハズレても無駄な往復がなくありがたかった。満を持して、分析器を携え、飛行機で遠方に出かけることになった。分析器は精密機器であるし、なんといっても高額だ。飛行機の貨物室には入れられない。かくして、分析器は大人料金の半額で筆者の隣に着席した。緊急時の避難上の理由から、分析器が窓側、人間が通路側である。筆者は毎回、分析器にシートベルトを締めた。奇妙な光景だったろうが、筆者には最強の相棒である。

　九州玉文化の見直し　分析の結果は、九州における縄文時代後期後葉から晩期前葉にかけての玉の評価を一変させるものである。そこには、ヒスイが大きく関わっている。自然科学分析を実施する以前、目視による判定で、九州の当該期の玉は、ヒスイ製が約20％を占めるという認識だった。なぜ、そんなにもヒスイと誤認してしまったのだろうか。その理由は、次のように考えられる。日本には存在しないだろうと考えられていたヒスイの原産地が発見されたことは、当時の考古学者にとって大きな驚きだった。さらに、今より縄文時代の生活や知識、技術に対する評価が低かった時代に、自然茅原の科学分析によって交通網や通信手段に乏しい日本列島各地の縄文人が、遠く離れた糸魚川産のヒスイを入手していたことが明ら

かになったこともまた、大きな驚きだった。この２つの出来事が、のちに「緑色の石材の玉＝ヒスイ製の玉」という先入観を生んだと考えられるのだ。

石材の誤認をもとにして、九州の縄文人はそれなりの量のヒスイ製玉を入手している、九州の縄文人はヒスイを主たる石材とする東日本のヒスイ玉文化を模倣した、と考えられるようになった。玦状耳飾や大珠も、東からやってきた石製装身具で、玉もそのように考えられたのだ。

玉の形態も、評価に影響していた。この時期の勾玉には、腹部がカタカナのコの字のように抉られている「コの字勾玉」という独特の形をしたものがある。九州で出土する勾玉はこの形をしている。本州にも、全体の形や尾の部分の形が、このコの字勾玉によく似た勾玉がいくつかある。この形態の類似性についても、九州の勾玉が模倣をしたと考えられた。ここでもヒスイ製という前提（先入観）が、影響した可能性がある。このように、石材と形態の点で、九州の玉文化は東日本のヒスイ製玉文化の模倣と考えられたのである。ところが、自然科学分析の結果、九州へのヒスイの流入は予想以上に少ないことが判明した。さらに、東日本のコの字勾玉もクロム白雲母製であることが判明した。似ているのではなく、九州の勾玉だったのだ。模倣とは正反対の状況がみえてきた。

九州ブランド　九州以外のクロム白雲母製玉は、基本的に完成品である。数も１遺跡に数個の場合がほとんどだ。愛媛県北井門遺跡では、クロム白雲母製玉を製作したと考えられるが、豊後水道を挟んだ対岸の福岡県・大分県には、クロム白雲母製玉を製作した遺跡が立地しているため、これらの影響だと考えられる。なにより、出

土したクロム白雲母製玉の数、出土遺跡の数、玉の製作遺跡の数は圧倒的に九州が多い状況から、クロム白雲母製玉は九州で作られた玉と考えられる。

　このクロム白雲母製玉の誕生の様子を探ってみよう。縄文時代後期後葉、縄文土器では太郎迫式や三万田式と呼ばれる土器の時期である。出現したときの玉の種類は、丸玉・獣形勾玉・管玉（太い）・三万田型垂飾・勾玉・管玉（細い）・小玉である。これらの玉は、太郎迫式・三万田式・鳥井原式の時期に盛行して、次の御領式の時期に一度減少してしまう。次の天城式の時期なると、再びそして前回をしのぐ盛行を迎えて、縄文時代晩期前葉の古閑Ⅱ式の時期に終焉を迎えることがわかった。じつは、これらの玉のうち丸玉は100％ヒスイ製で、獣形勾玉と管玉（太い）も、ヒスイ製のものや、ヒスイに似た半透明の硬い石を利用する傾向がある。さらに、この３種類の玉は、２回目の盛行時にはほとんど姿を消してしまう。この現象から、次のようなことが考えられる。

　縄文時代後期後葉、丸玉を中心としたヒスイ製玉が東日本から九州にもたらされ、九州の縄文人は小さな石製装身具、玉を受け入れた。しかし、４％という数の少なさから、ヒスイ製玉の入手は困難だったと考えられる。そのようなときに、何かのきっかけでクロム白雲母を発見したのだろう。クロム白雲母も鮮やかな深緑色で、しかもヒスイよりは軟らかいため、加工がしやすく、形もより好みに合わせることができる。実際、コの字勾玉をヒスイで作ることは困難だ。また、他の地域では管玉自体が少ないのだが、九州では管玉がもっとも多く、クロム白雲母製の管玉は、細く仕上げることにこだわっている。ヒスイ製玉に影響を受けた九州の縄文人は、クロム

白雲母という恰好の石材を得て、独自の玉を創り出したと考えられるのだ。さらに、クロム白雲母製玉は、逆に東日本にもたらされるようになった。

　これまで、九州の縄文人が、日本列島に向けて発信した石製装身具はない。東から伝わった石製装身具に対しても、石材や色彩、形にこだわりを示すこともなかった。ところが、縄文時代後期後葉の九州の縄文人は、色・石材・形にこだわってクロム白雲母製玉を創り出し、九州中で共有の想いのもとに重用した。また、ヒスイ製玉に対抗するように、九州の外にも発信された。クロム白雲母製玉は、九州の縄文人にとって重要なアイデンティティを象徴するものであり、現代的に呼ぶならば、「九州ブランド」といえるだろう。

　現在のところ、三万田東原遺跡や同じく熊本県の太郎迫遺跡、福岡県の上唐原遺跡群などが、早くにクロム白雲母製の玉作りを始めた遺跡である。のちに、九州各地で玉の製作遺跡がいくつか出現するが、そのような製作遺跡や完成品を受け取った遺跡、玉の出土量は、熊本県北半の地域に多い。このようなことから、熊本県北半の地域がクロム白雲母製玉の中心地で、原産地も熊本県にあるのではないかと考えられる。熊本県北半の地域から、クロム白雲母製玉や原石、そのほかの情報が九州各地にもたらされ、共有されたのだろう。

　残る課題と挑戦　石の種類がわかると、原産地を探す手掛かりになると先述した。謎の緑色の石は、クロム白雲母で変成岩だと判明したため、原産地を探すなら変成帯になる。ただ、一口に変成帯といっても、九州内にはさまざまな変成帯が複雑に存在する。図27は九州の変成帯とクロム白雲母製玉の出土遺跡の分布を重ねたもので

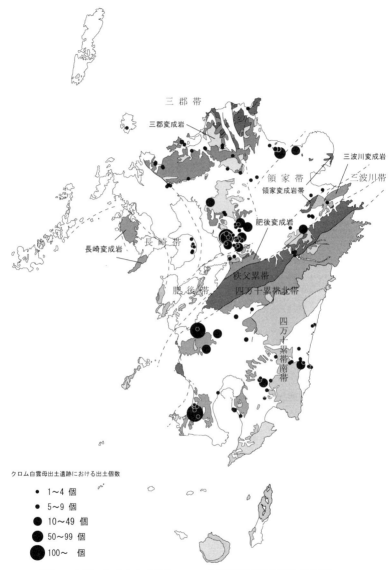

クロム白雲母出土遺跡における出土個数

- ・　1〜4　個
- ●　5〜9　個
- ●　10〜49　個
- ●　50〜99　個
- ●　100〜　個

図27　九州における変成岩とクロム白雲母製玉出土遺跡分布図

第6章　三万田東原遺跡とクロム白雲母 ———————————————— *71*

ある。九州の緑色の石、あるいは同じ変成岩の蛇紋岩といえば、長崎変成帯に位置する長崎県西海市大瀬戸町雪ノ浦が有名だ。ここでは、色鮮やかなリストベナイト（通称長崎ヒスイ）というクロムやニッケルを含む雲母である石英炭酸塩岩が産出する。クロム白雲母の解明の際に、このリストベナイトの可能性が考えられたが、先述した破壊分析で、違うものだと判定された。図28をみても、周囲に遺跡がなく、縄文人が利用したとは考えにくいことがわかるだろ

図28　三万田東原遺跡発掘調査地点配置図

う。遺跡が集中している場所となると、熊本県の肥後変成帯が有力
視できそうだ。しかし、詳細にみると遺跡が集中する熊本市域とそ
の周辺地域からの実際の距離はかなりある。筆者は、この肥後変成
帯、とくに蛇紋岩帯を踏査したり、あるいは蛇紋岩帯を通過する河
川の底の砂を回収して、クロム白雲母の破片が含まれていないかを
調査した。しかし、今のところ発見には至っていない。

　縄文時代後期後葉から晩期前葉、九州で盛行する石製装身具は、
ヒスイ製や蛇紋岩製などではなくクロム白雲母製で、九州の縄文人
は自分たちの嗜好に合わせた玉を作り、広く共有していたことがわ
かった。しかし、現在わかっていることは、作った遺跡、受け取っ
た遺跡、流通した玉の形態・種類についてであり、玉の製作に関す
ることは、ほとんどわかっていない。そこには、ヒスイと玉の研究
の歴史が関係している。

　ヒスイの原産地を擁する新潟県や近隣の富山県では、早くから多
くの玉の製作遺跡が発見され、発掘調査が実施された。良好な資料
に恵まれ、玉の製作に関する研究が進んだ。碧玉やメノウの産地と
して知られる島根県の花仙山周辺でも、碧玉を利用した弥生時代の
玉の製作遺跡が発見・発掘調査され、研究が進められてきた。玉に
利用される石材の原産地周辺には、玉の製作遺跡が多数立地する。
そうすると、発掘調査の方法がしだいに改善・工夫されていき、良
好な資料の獲得につながり、よい循環となって研究が進展する。一
方、原産地がない九州では、ヒスイが主たる石製装身具の石材とさ
れていたこともあいまって、東日本から完成品が九州にもたらされ
る、つまり製作は東日本でおこなわれた、と考えられた。そのた
め、九州では玉の製作に関する研究意識や発掘調査における注意の

醸成が難しかった。こうした背景により、クロム白雲母製玉の製作の過程や使われた道具や技術などについて、具体的な資料が揃わず明らかにされていない。

　九州の縄文人は、クロム白雲母を主たる石材として、滑石も利用して九州独自の玉を創り出した。玦状耳飾や大珠といった、これまでの石製装身具に対してみせた反応とは明らかに違う。では、なぜ縄文人はクロム白雲母製玉を使い始め、使うのをやめてしまったのか。技術力や形・意匠へのこだわりなど玉の製作の実態解明は、こうした玉の根幹に対する問いの解明に、必要不可欠である。

　そこで筆者は、三万田東原遺跡の発掘調査を計画した。三万田東原遺跡を選んだ理由は、先述したように昔から玉が表面採集されていること、そしてクロム白雲母の解明のところで紹介したように原石が拾えたことから、クロム白雲母製玉の製作遺跡である可能性がきわめて高いと判断されたからである。そして、発掘調査では、最初から表土以外の土をすべて篩にかけて、徹底して遺物を回収することを目指したのである。

第7章 | 三万田東原遺跡の再調査——玉製作の実態解明——

　縄文時代後期後葉からはじまる九州ブランドの、さらなる実態解明のために約半世紀ぶりに三万田東原遺跡を発掘調査することにした。ここでは、その発掘調査の経過と成果を紹介しよう。

⑴ 5年間の調査の概要

　1968（昭和43）年に圃場整備の計画が浮上、試掘調査後に実施され遺跡の地形は大きく改変された。改変前後の地割の図は、1972（昭和47）年の発掘調査概報にも掲載されているが、具体的にどのように切り土・盛り土がなされたのかは記載がなく、現地に立っても、往時の様子はなかなか把握することができない。発掘調査はこのような状況からスタートした。

　発掘調査は、2017（平成29）年度〜2019（平成31・令和元）年度にかけて、4地点で合計5回実施した（図29）。1地点ずつ発掘調査の成果を検討して、次の地点を決定しながら進めていった。発掘調査地点は、畑地を単位に1つの区として、発掘調査順に地点番号を付けた。

　2016（平成28）年度　三万田東原遺跡の発掘調査を実施するために、日本学術振興会の科学研究費補助金の獲得を目指した。2016（平成28）年9月3日、その前段階として、遺構がどこにどのような状態で残されているか把握するために、試掘調査を実施した。

広い三万田東原遺跡のなかで、クロム白雲母の原石を拾ったビニールハウス群の東端の空き地を調査地点とした。ビニールハウスの下がもっとも有力な候補地だったが、栽培物に影響があることから、ビニールハウスの東端とした。のちのⅠ地点1調査区である。5カ所で50cm四方の試掘坑を設定して掘削した。このうちの1つで、縄文土器の底部や炭化物が出土した。状況から、竪穴建物内で

Ⅰ～Ⅲ地点の全景

Ⅳ地点の全景

図29　三万田東原遺跡の全景（東より）

ある可能性が高いと判断し、発掘調査の候補地とした。

2017（平成29）年度：Ⅰ地点・Ⅱ地点　科学研究費補助金基盤研究
（B）の交付が決定し、研究活動を開始した。2017（平成29）年11
月13日〜28日、試掘調査を実施した畑地をⅠ地点、1969（昭和44）
年に熊本県が竪穴建物を発掘調査した畑地をⅡ地点とし、前年度よ
りも広い範囲で竪穴建物を主とした遺構の有無の確認調査を実施し
た。5cmほどの高い霜柱が立つ寒い冬だった。

　Ⅰ地点では、土器と炭化物が出土した試掘坑の周辺に掘削範囲を
拡張し、竪穴建物らしき円形プランを確認した。一部でなだらかな
落ち込みを確認し、土偶の腕も1点出土したため竪穴建物の可能性
が高いと判断し、次年度に本格的に掘削することにした。

　Ⅱ地点は、1969（昭和44）年の発掘調査で確認された竪穴建物
が、圃場整備で完全に消失したのか、付近にも気づかれなかった竪
穴建物がなかったかを確認する目的で試掘坑を設定した。表土を除
去して、遺構面上での把握に努めた。多くの遺物が出土したが、北
半はほとんど削平されていた。南側は、土色が異なり遺物が集中す
る範囲があったため、竪穴建物の可能性があるとして、次年度に発
掘調査することにした。東西にも試掘坑を設定し、遺物が分布する
ことを確認するにとどめた。

2018（平成30）年度：Ⅰ地点・Ⅱ地点　Ⅰ地点とⅡ地点において、
いよいよ竪穴建物の確認、玉の製作址の確認のための発掘調査を開
始した。

　Ⅰ地点の発掘調査は、2018（平成30）年7月30〜8月28日に実施
した。前年に発掘調査を実施した地点を1調査区とし、ビニールハ
ウス群の西側にあらたに2調査区を設定した。

1調査区では、竪穴建物らしき円形プランを掘削した結果、浅い
皿状のくぼみで踏み固めたような明確な床は検出されず、輪郭も明
瞭ではない、遺物もほとんど出土しない状況で、自然地形の窪みと
判断された。土の状況の再精査から、圃場整備のときには、遺構が
形成される土層はあまり撹拌されないまま動かされ、盛られたと推
測される。しかし、この円形プラン周辺では、輪郭が明瞭な掘り込
みもいくつかあり、2調査区の結果と総合して、深さのある遺構は
残されていると判断された。

　2調査区では、北半部は削平され遺構はなかった。中央付近で、
調査区を横断する溝1条を検出した。南側では、南北に並ぶ土坑と
竪穴建物が重なった状態で検出された。本来は直径1.3ｍ程度の円
形の土坑と、直径8ｍ程度の竪穴建物だったと考えられる。どち
らも底部は平坦ではなく、でこぼことした窪みがあり、粒子がやや
粗い黄色の砂が溜まっていた。これらの南にも土坑が1つあり、同
じ状況だった。竪穴建物と土坑からは、縄文時代の遺物のみが出土
したため、縄文時代の遺構であることは間違いない。掘削した土
は、乾燥した状態で篩にかけたが、クロム白雲母の出土は1点のみ
で、玉の製作に関するような遺物は、回収されなかった。

　Ⅱ地点の発掘調査は、2019（平成31・令和元）年3月5日～12日
に実施した。Ⅱ地点は、三万田東原遺跡のなかではもっとも標高が
高く、南側のⅠ地点とは段差がある。地元の人の話では、圃場整備
では南に向かう傾斜を緩くするため削平したとのことで、これは夏
のⅠ地点の発掘調査で、おおむね確認していた。念のために、3カ
所で掘削をおこなったが、やはり遺構はなく、削平されて動かされ
た土壌であると確定した。

標高が高いⅡ地点がもっとも削平され、少し低かったⅠ地点では北側は削平されたが、南側では遺構がかろうじて残されたと考えられる。

2019（平成31・令和元）年度：Ⅲ地点・Ⅳ地点　Ⅰ地点の2調査区で、縄文時代の遺構が確認できたため、西側に発掘調査の範囲を広げ、Ⅲ地点として遺構を探すことにした。また、Ⅲ地点の発掘調査の結果を受けて、調査地点を南側の台地の縁に変え、Ⅳ地点を設定して発掘調査をおこなった。

　Ⅲ地点の発掘調査は、2019（平成31・令和元）年7月8日～7月31日に実施した。Ⅰ地点の2調査区の西側に位置する畑地に、3カ所の調査区を設定した。1・2調査区で、Ⅱ地点の溝の続きが検出されたが、それ以外の遺構は検出されなかった。溝自体は、のちに出土した炭化物の炭素年代を調べたところ、近現代のものと判明したが、縄文時代の土器や石器と、クロム白雲母の破片が数点出土した。溝を掘削すると、掘削中に数点クロム白雲母の破片が出土したほか、掘削土を篩にかけても回収できたが、数は乏しく、玉の製作に関する遺物は、やはり回収されなかった。

　Ⅳ地点の発掘調査は、2019（平成31・令和元）年12月2日～2020（令和2）年1月10日に実施した。Ⅰ～Ⅲ地点の南約100ｍの畑地の南端に、トレンチを2カ所設定した。三万田東原遺跡で長年遺物の表面採集をおこない、遺物の散布状況を把握していた福田正文から、発掘調査の候補地としてⅠ地点とともにⅣ地点も有力な候補地になると助言をいただいていた。地元の人から、この南側の畑地は実際には圃場整備の影響がないと聞き、調査地点を変えた。実際には、この畑地の北側は削平されていたが、南側の2カ所で試掘坑を

設定し掘削したところ、どちらも保存状態が良好であることを確認した。そこで、西側の1調査区を発掘調査することにした。表土以下を2層に分けて掘削、土をすべて現地で水洗選別した結果、大きな成果が得られた。

⑵ Ⅳ地点の発掘調査

ここでは、Ⅳ地点の発掘調査についてもう少し詳細に紹介する。

調査地点の設定　2019（平成31・令和元）年、発掘調査地点を台地の中央付近から、台地の南に変えた。現在は、牧草とトウモロコシを育てる畑である。南側は削られて段差があり、発掘調査地点は台地の縁に位置するが、1901（明治34）年の地図（図14）では緩やかな南向きの傾斜面である。重機で畑の耕作土約30cmを剝いでみると、漆黒の土が現れた。50cm四方の試掘坑を2mおきに3カ所掘ってみると、ずっと下のほうまで撹乱を受けていない遺跡の土が続いていた。現代までの間に圃場整備をはじめ後世の撹乱を受けていないと判断された。そこで、この地点を発掘調査地点と決定し、4.5×9mの調査区を設定した（図30）。

苦悶「どれだけ掘るか」　4.5×9mの調査区のなかに、土の堆積の状態を確認するための畦（ベルト）を十字に残して、4分割した。全体を少しずつ掘り下げていくと、すぐにクロム白雲母の原石の破片、玉の破片、土器の破片が一面に出土した（図31）。クロム白雲母製玉の製作に関するよい資料が、多量に残っていることは明らかだった。しかし、ここで注意したいのが、玉の製作に関する遺物はとても小さいために、注意しても見逃してしまう恐れが非常に高いこと、また、加工の道具、とくに穿孔具（石錐）がどのような形態

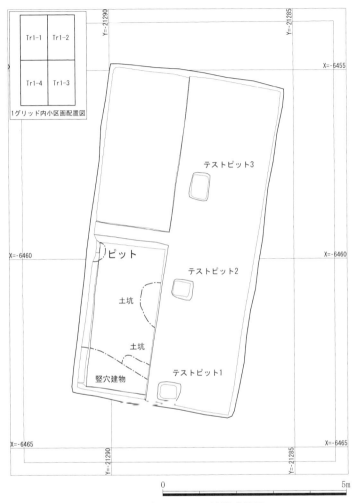

図30　Ⅳ地点1グリッド遺構配置図

でどのような大きさなのかなどの認識がなければ、玉の製作関連遺物であるとわからずに見逃してしまう可能性である。

　そこで、この発掘調査ではその防止策として、発掘調査で掘りだすすべての土を、篩にかけることにした。これはとても時間がかかる作業だ。発掘調査は、調査費と時間の勝負。この２つには限りがあるし、畑の所有者・耕作者との期限の約束もある。試掘坑である程度把握した深さから考えると、予定期間内で4.5×9ｍの範囲の土をすべて篩にかけることは、到底不可能と判断された。そこで、調査区の南西の１／４の範囲を掘り下げることにして、ほかの範囲はそのまま保存することにした。黒い土の層を掘り進めると、途中で褐色の土層に変わった。そして、おおむねクロム白雲母の原石の破片や玉の破片、土器の破片がほとんど出土しなくなったところで、掘削作業を止めた。掘った範囲を綺麗に掃除してみると、そこには竪穴建物と考えられる円形の遺構がうっすらとみえた。本地点は、1969（昭和44）年の発掘調査で発見した２号竪穴建物の地層と同じようである。しかし、またも残念ながら途中で掘り込みに気づ

くことはできなかった。熊本県教育委員会の埋蔵文化財専門職員とともに、発掘調査区の西壁の土層を、目を凝らしてみると、竪穴建物の立ち上がりがうっす

表土下すぐの黒色土上面で、多数の遺物が出土
図31　１グリッド黒色土層上面遺物出土状況

らと確認できたのである。

篩の威力　発掘調査で掘り下げに伴う掘削土には、多くの考古学的情報が含まれている。近年では、とくに炉や竈付近の土を洗うと炭化した米や麦や粟などを検出できることが知られるようになった。しかし、多くの場合、土器や石器を中心に目視によって取り上げられており、そこには残念ながら見逃しがある。その好例が、田柄貝塚（宮城県気仙沼市）の発掘調査における遺物の回収状況だ。発掘調査報告書には、各遺物について発掘現場で回収した数と、掘削土を持ち帰っての水洗作業で回収した数が示されている。たとえば、石鏃は全1704点のうち83％の1413点、石錐は全204点のうち77％の157点、骨角器の釣針は全195点のうち82％の160点が、水洗で回収されたという具合だ。大半の遺物の半数以上が水洗で回収されており、目視による見逃しへの警鐘を鳴らす事例である。

　九州内のクロム白雲母製玉が出土する遺跡において、これまで原石や未成品も出土はしているが、たとえば穿孔具（石錐）や、加工の様子をより具体的に復元できる剝片などは出土していない。出土していないというよりも、これらも微細な遺物であるため、残念ながら見逃された可能性がきわめて高いと考えられる。縄文時代後期後葉から晩期前葉にかけて盛行する玉の製作の実態、すなわちどのような道具を使い、どのような工程を経て完成に至るのかを解明するには、先述のようにこれらを復元するための遺物が必要だ。そこで、三万田東原遺跡の再調査では、掘削土をすべて篩にかけて、徹底して微細な遺物を回収することにしたのである。

実践・実感、篩の威力　掘削土は、表土を除いて、遺物包含層２つ分、トレンチ別、遺構（ピット）別と分別して仮置きし、篩いもこ

れに従った。

　土を篩にかける方法は、大きく2つある。1つは、土は乾燥した状態で篩う方法、もう1つは土を水で洗い流す方法（水洗選別）である。今回の発掘調査では、Ⅰ～Ⅲ地点で前者を、Ⅳ地点では後者の方法を採用した。土質の違いもあるが、土が乾燥した状態での篩いは、土の粉にまみれて、玉のような小さな遺物は認識しにくいことがわかった。Ⅳ地点は、水に溶けやすい土質でもあったので、水洗選別を採用した。バケツの泥水から篩を引き上げると、鮮やかな深緑色の石が目に飛び込んできた。玉やその石材片を篩いで抽出する作業は、水洗選別が適していると、そして何より、篩い作業の威力を実感した。

土洗いの様子　　　　　　　　篩に残った遺物（再洗い）

玉類・土器・石器の分別

玉類の分別袋

図32　発掘現場での水洗選別の様子

水洗選別の作業は、次のような手順と道具でおこなった（口絵6
頁下、図32）。まず、土を洗うための容器は、バケツや大きなタラ
イ、深めのコンテナなどである。篩に適量の土を入れ、水に沈めて
土を落とす。使用した篩の目の大きさは1mmである。様子をみ
ながら、土の塊は注意して指先でつぶす。おおむね土がなくなった
ら、篩に残ったものを回収する。このとき、①クロム白雲母や滑
石、②土器、③石器（矢じりなどの玉以外の石器とその原石）の3
つに分けた。実際には、作業員全員が緑色のチャートとクロム白雲
母など、石材の見分けが完璧にできるわけではないので、「緑色の
石」「茶色・飴色の石」などと指示して回収し、あらためて分別を
おこなった。

　調査期間の関係上、綿密に遺物を拾いあげるのは困難と判断し、
目についた遺物を拾い上げた。篩に残った若干の泥には、見逃した
遺物、とくに拡大鏡を使用してみるような微細な遺物が含まれる可
能性があると考えて、別途コンテナに溜めて乾かし、再調査のため
に大学に持ち帰った。

　この水洗選別の作業は、土量は18.9㎥、おおむね一日平均5人で
6時間、27.6日を要した。

コラム：水洗い狂奏曲

　第1部で紹介したように、三万田東原遺跡の発掘調査地点は、水の乏
しい台地上の畑地のなかである。掘削土は畑の土なので、当然大学に持
ち帰ることはできず、水洗選別を発掘調査現場（以下「現場」）でおこ
なった。毎朝、筆者は学生とポリタンク（5〜20ℓ）や大きなヤカン
（8ℓ）などに水を汲んで現場に向かった。すぐに、作業員も水を毎日

持ち寄ってくれるようになった。70ℓのポリバケツや不要になった衣装ケースに水を溜め、容器は空にして帰るようにもした。雨の日は、ブルーシートをテントにして作業し、上手に雨水も溜めて利用した。それでも水がなくなると、台地の下の小川に水を汲みにいった。水汲みポイントは休耕中の田んぼで、耕運機の進入路になるちょっとした坂道に車を止め、脇を流れる護岸もない小川で水を汲んだ。雨後にいき、舗装されていない坂道で、タイヤがすべって車を出せなくなり、冷や汗をかいたこともある。

　来る日も来る日も水洗選別だったが、Ⅳ地点では洗うごとにクロム白雲母や滑石がみつかるため、空振りだったⅠ～Ⅲ地点のような苦行感はなかった。時折、近くからヘリコプターが飛び立ち、現場の上空を飛んだ。ヘリコプターに乗っている人は、われわれをみて「土洗い族」と呼んでいるに違いない、そんな冗談をいう余裕もあった。最終日、終わりの時間が迫っていたが、洗う土が若干残っていた。クロム白雲母や滑石の玉、そのほかの貴重な遺物が、そのなかに沢山隠されていることはわかっているのに……。現代版、米原長者だ。苦渋の決断を下そうかというとき、作業員が「ここまでやったのにもったいない。最後までやろう！」といってくれ、日没ギリギリですべての土を洗い終えた。車のライトとカンテラの明かりで、撤収作業や書類の確認をした。すべての作業員を見送ったあと、見上げた東の空には大きな月が幻想的な光を放っていた。

Ⅳ地点の時期　福田は、Ⅰ～Ⅲ地点とⅣ地点は土器が異なる、Ⅳ地点は鳥井原式の時期だろうといっていた。実際に、発掘調査で出土した土器は、Ⅰ～Ⅲ地点は太郎迫式・三万田式・鳥井原式が主体であるのに対し、Ⅳ地点では太郎迫式の土器片は小さく摩耗して少なく、三万田式・鳥井原式が主体となり（図33～35）、やや時期の

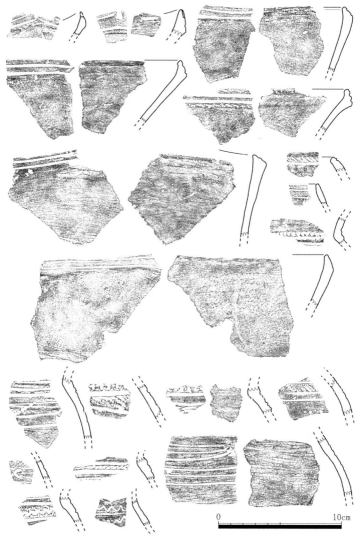

図33 Ⅳ地点出土縄文土器1（太郎迫式）

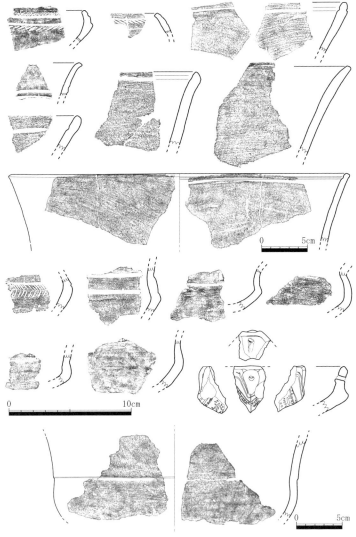

図34　Ⅳ地点出土縄文土器2（三万田式）

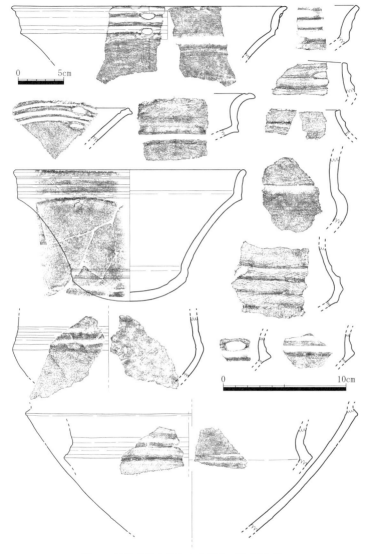

0 5cm

0 10cm

図35　Ⅳ地点出土縄文土土器2（鳥井原式）

異なる集落が存在していた可能性がある。

(3) 発掘調査の成果①　篩の成果

　掘削土をすべて水洗選別する試みを実施した。そして、発掘現場
や大学での再調査で、目を見張る水洗選別の成果を得た。ここで
は、その成果を具体的にみていこう。

　穿孔具の発見　これまで不明であった、縄文時代後期後葉から晩
期前葉にかけて盛行する、クロム白雲母製玉・滑石製玉の穿孔に使
われた穿孔具を回収することができた。完成品3点と、その可能性
が高い石器5点である（図36、口絵7頁上）。

　形がもっともよくわかるのは、1の安山岩製の石錐である。残存
長19.9mm、最大幅6.8mm、中央部幅2.7mm、最大厚3.3mm
で、基部は扇状に薄く広がっており、指で持ち（摘み）やすいよう
になっている。先端はわずかに欠損しており、未使用だと考えられ
る。他の2点の石錐はメノウ製で、大きさはそれぞれ2が残存長
10.1mm、最大幅5.9mm、中央部幅2.2mm、最大厚1.9mm、3
が残存長11.6mm、最大幅4.5mm、中央部幅3.2mm、最大厚2.5
mmである。これらは基部が欠損しているが、基部に向かって幅が
広がる様子から、安山岩製の石錐のように扇形の基部があったと考
えられる。先端は摩耗して丸くなっているので、実際に使用したも
のであろう。このため、全体の長さは若干短くなっていると推測さ
れる。穿孔は図37のようにおこなった。

　このように、篩により、小さな石錐を回収することができ、石錐
の形態や実際の大きさや石材を具体的に知ることができた。これは
大きな成果である。大きさと形からは、これらで管玉のような長い

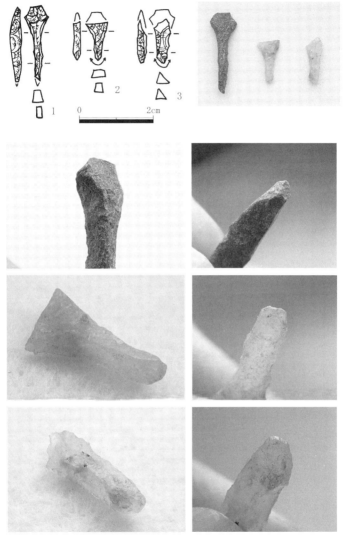

0   2cm

図36 三万田東原遺跡Ⅳ地点出土石錐

孔をあけることは難しいと推察される。後述するように、Ⅳ地点は小玉専門の製作遺跡だと考えられることから、Ⅳ地点で回収した石錐は小玉製作専用の石錐である可能性が高い。管玉のように細長い孔をあける場合には、どのような形の、どのような大きさの石錐を使ったのか、どのような使い方をしたのか、という疑問があらたに生じるが、逆にいえば、小玉製作専用の石錐の発見により、作る玉によって石錐に違いがある可能性が浮上したといえる。

　玉と微細な剝片　先述したように、発掘現場での水洗選別の作業では、篩に残った泥を入念にチェックする時間の確保が難しかったため、篩に残った泥もコンテナに収納しておき、大学に持ち帰った。泥をかき分けて、目に付くクロム白雲母や滑石の玉や石材の破片を拾い上げ、見逃しがあることを前提として、篩に残った土は、大学で再チェックすることにした。

　再チェックでは、一目でみつけることのできる程度の大きさの玉の破片ももちろんあったが、驚いたのは、白い皿に泥を少量入れ、水を加えて拡大鏡（虫メガネ）を使って観察すると、クロム白雲母や滑石のとても小さな破片が、多量に含まれていることがわかったことだ。大きさは1〜5mm程度で、もっとも小さなものは1mmにも及ばない（口絵3頁上）。重さは0.0003gと、1gの1/100にも達しないものもある。破片類は、長さ・幅・厚さ・重さを計測して、データ化した。これらは、製作工程の復元において重要な役割を果たすことになる。

　最終的にⅣ地点の発掘調査で得られ

図37　石錐による穿孔模式図

た資料は、2,420点にのぼる。内訳は、小玉の失敗品を含む未成品は87点、これから小玉に成形しようとする素材や一部に加工痕がある素材破片は520点、製作途中で生じる破片などは1,810点で、そのほか丸玉1点に、三万田型垂飾の破片2点である。

　掘削の範囲や土量から考えると、玉の製作遺跡の土には、膨大な量の微細な資料が含まれていることが明らかとなった。先述したように、掘削土の篩いには相当の時間と調査費が必要となるため、すべての遺跡で、掘削土の篩いを実施するのは難しい。しかし、製作遺跡であると考えられる場合は、時間・予算・体制を整備して取り組む必要がある。

⑷ 発掘調査の成果②　小玉製作工程の復元

　Ⅳ地点の発掘調査によって、2,420点ものクロム白雲母や滑石の玉の未成品、原石、破片が得られた。弥生時代・古墳時代の玉作りの工程に関する研究が進んでいるので、それらを参考にして試行錯誤を繰り返しながら、これらを段階別に丹念に仕分けた。仕分けの結果、Ⅳ地点で得られた資料は、小玉に関するものに限られることがわかった。そして、これらから、小玉の製作工程を図38のように復元できた。

　原石の採取と搬入　まずは、原石が採れる所（原産地）で原石を採集して、集落に持ち込むとことから始まる。現在クロム白雲母の原産地は未発見であるため、原石がどのような状態で産出するのか（産状）は不明である。石の種類によっては大きな岩盤や塊を割り取る場合もあれば、小さな塊を拾う場合もある。あるいは近くの川で露頭から転げ流れた石（転石）を拾う場合もある。三万田東原遺

跡ではどうだったのか、これは今後の課題である。ただし、クロム白雲母は片理が発達しているタイプのもの、珪素（Si）が多く硬質なタイプのものもあり、その性質から大きな塊での獲得は困難だったのではないかと考えられる。これまでに出土したクロム白雲母の原石で最大のものは、柊原貝塚（鹿児島県垂水市）の54.7mm×29.3mm×19.2mm（33.6g）だ。三万田東原遺跡では永松地区（Ⅲ地点）で出土した35.4mm×20.7mm×12.7mm（7.875g）で、梁池地区（Ⅳ地点）では23.4mm×14.5mm×15.2mm（5.494g）が重量を加味した場合に最大である。また、滑石も不定形に割れやすく、やはり大きな塊での獲得はなかったのではないかと考えられる。梁池地区（Ⅳ地点）では12.1mm×6.0mm×3.5mm（0.2871g）が重量を加味した場合に最大である。いずれも、大きな塊とはいえない大きさである。

工程1　集落に持ち込まれた原石は、加工しやすいように適度な大きさに割り、おおまかに形が整えられ、完成品の小玉の原形に近い形に近づける。必要に応じて、研磨・研削（砥石で研ぐようこすりながら削る作業）という加工技術も使用する。これを工程1とする（図38・39・42）。

工程2　次に、より小玉の完成品の形に近いように、円盤状に形を整える。粗く研削・研磨して角をとり、割った面の凹凸を滑らかにする。これを工程2とする。玉作りの最大の難関は、次の工程3である。穿孔で破損してしまうリスクが高いので、この工程2の研磨はほどほどにしておく。つまり、面取りを残した多面体のような円盤状のものである（図38・39・42）。

工程3　石の錐を穿孔具として孔をあける。クロム白雲母は硬度

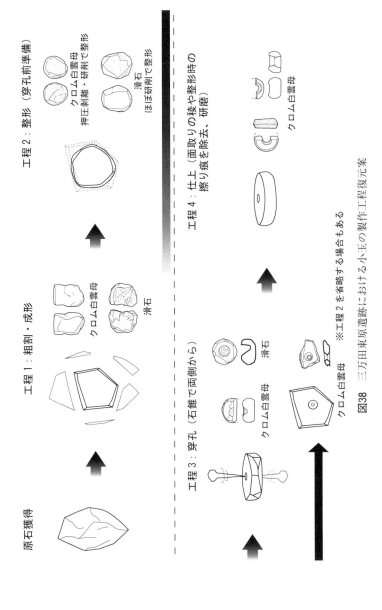

工程1:粗割・成形　　工程2:整形(穿孔前準備)

原石獲得

クロム白雲母

滑石

クロム白雲母
押圧剝離・研削で整形

滑石
ほぼ研削で整形

工程3:穿孔(石錐で両側から)

クロム白雲母

滑石

クロム白雲母

工程4:仕上(面取りの稜や整形時の擦り痕を除去、研磨)

クロム白雲母

クロム白雲母

※工程2を省略する場合もある

図38　三万田東原遺跡における小玉の製作工程復元案

工程1：粗割・成形

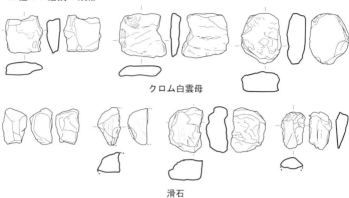

クロム白雲母

滑石

工程2：整形（穿孔前準備）

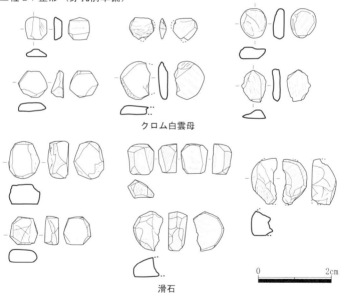

クロム白雲母

0   2cm

滑石

図39　三万田東原遺跡出土玉資料1

工程3：穿孔（穿孔中破損）

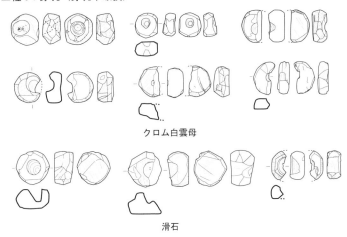

クロム白雲母

滑石

工程4：仕上（貫通（直）後・研磨中破損）

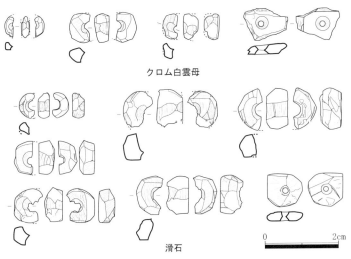

クロム白雲母

0 2cm

滑石

図40 三万田東原遺跡出土玉資料2

が2.5～3とあまり高くないので、硬度7のより硬いメノウ製の石錐で穿孔する。小玉の厚さは2～3mmと薄いが、九州の縄文人は表裏の両側から慎重に穿孔している。片方から厚さの2/3程度の深さまで穿孔し、反対側からも同じ程度の深さまで穿孔する。貫通した場合、2つの孔の接点となる稜が、おおむね中央にくる場合と、一方に偏る場合の2つがある。三万田東原遺跡では、この段階の破片が多数出土した。片側から穿孔をはじめ途中で割れてしまったもの、あと少しで孔が貫通したであろうもの。縄文人の悔しがる姿が目に浮かぶ。この難関を突破すると、工程4の仕上げとなる。ちなみに、三万田東原遺跡では、工程2を飛ばして、穿孔した不整形の円盤状の素材も出土している（図38・40・42）。

　工程4　目の細かい砥石で、仕上げの研磨をしたと考えられるが、その滑らかさと光沢からは、最後に動物の革のようなもので磨き上げたのではないかと考えられる（図38・40・42）。

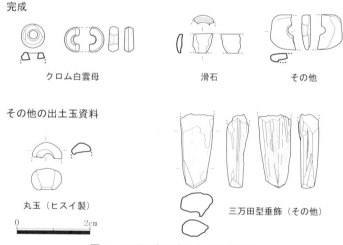

完成

クロム白雲母　　　　　　　　　滑石　　　　　その他

その他の出土玉資料

丸玉（ヒスイ製）　　　　　　三万田型垂飾（その他）

0　　　　　2cm

図41　三万田東原遺跡出土玉資料2

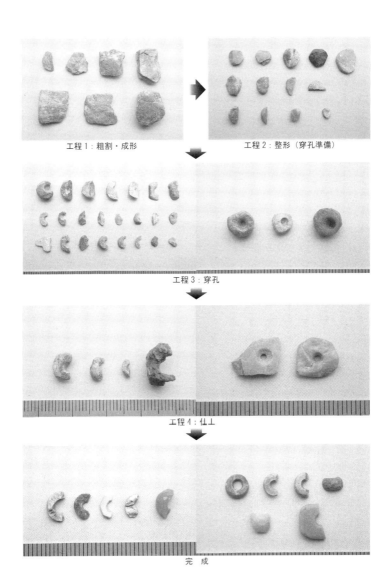

工程1：粗割・成形　　　　　　　工程2：整形（穿孔準備）

工程3：穿孔

工程4：仕上

完　成

図42　三万田東原遺跡における小玉の製作工程復元案

(5) 発掘調査の成果③　小さな破片が語るもの

　篩いの成果のところで記したように、篩に残った土を再チェック
すると、ともて小さな破片が多数含まれていることがわかり、その
すべてを回収した。これらを1点1点識別できるように写真を撮
り、個別の番号を与え、データ化した。このとき、未成品や失敗製
品の数に対して加工途中で発生する破片の数が、滑石はクロム白雲
母に比べてかなり少なく、もしかしたら加工法に違いがあるのでは
ないかと考えた。そこで、石材と大きさによって分類してみること
にし、大きさは、小：5mm以下、中：5mm以上10mm以下、
大：10mm以上の3段階とした。そして、割合を調べると、次の
ような傾向がみえた。

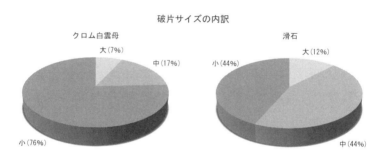

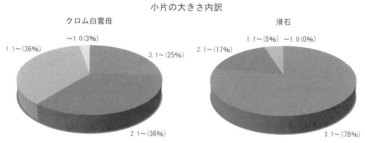

図43　石材別破片サイズ内訳（単位はmm）

クロム白雲母の破片のなかでは、小の破片が76%を占めるのに対し、滑石の破片は中と大の破片が88%を占め、クロム白雲母と比較すると滑石は大きめの破片が多いという違いがあることがわかった。次に、それぞれの小の破片を詳しくみてみた。クロム白雲母の小の破片は、3mm以下の破片が75%を占めるのに対し、滑石では3mm上の破片が78%を占め、クロム白雲母とは正反対の結果となった。石材によって、破片の大きさが明らかに違う。この違いは、何に起因するのだろうか？

　このような破片は、工程1・2の玉作りで形を整えていく際に生じるものだ。加工上の産物ということならば、石材の硬さが関係すると予想される。石の硬さは、ドイツの鉱物学者フリードリヒ・モースによる「モースの硬度」で10段階に分けられている。クロム白雲母の硬度は2.5～3とされている。決して硬いというわけではないが、ほかのより固い石でコツコツと敲いても、砕けてしてしまうようなものではない。一方、滑石の硬度はもっとも低い1で、これは爪で傷をつけられる程度とされており、滑石は軟らかい石である。

　さて、玉作りの工程1・2では、ハンマーの役割をする石でコツコツと敲いて割り（敲打）、研削も併用しながら形を作る。しかし、敲打は小さな細工には向かない。少しずつ、小さく割り取りながら形を整えるなら、押圧剥離という、鹿の角などを押し当て小さく割り取っていく技法が適している。押圧剥離を利用するには、石にある程度の硬度があることが必要で、クロム白雲母には適している。しかし、軟らかい滑石には適さない。工程1で敲打によりある程度形を整えるが、滑石の場合はこのときに、大小の破片が生じる。滑

石を実際に割った経験がある人はわかると思うが、滑石は思うように割れない場合も多く、割ると大小の破片（屑）が出る。滑石で、工程2を進める場合、安易に敲打するとせっかく形を整えたものが、割れてしまうことも考えられるのだ。むしろ、滑石は軟らかいので、砥石で研削したほうが、効率的に、求める形に加工できる。そして研削となれば粉になり、細かい破片は生じない。

　石材の特徴から考察すると、クロム白雲母は押圧剝離で微細な破片が生じるため、小さな破片が多く、滑石は削ってしまうため、小さな破片は少なく、工程1の段階で出る中・大の破片が多いと考えられる。したがって、縄文人は使う石材の硬度にあわせて、適宜技法を変えていたと考えられよう。

　これらのことは、形ある製品だけではなく、製作の途中で生じる小さな破片までを回収して、初めて明らかにできたことである。これもまた、土を篩うことの意義を示している。

(6) 発掘調査の成果④　砥石を考える

　製作工程の説明のように、整形や仕上げには研削や研磨をおこなう。玉の製作をおこなったと考えられる遺跡からは、通常は細長い溝状の凹みが1〜数条残る砥石が出土する。これは、前後運動によって玉の研磨を繰り返すうちに、しだいに筋（溝）ができたと考えられており、「溝砥石（または筋砥石）」と呼ばれる。そのため、この砥石が出土することは、玉作りをしていた有力な証拠となる。

　ところが、明らかに玉作りをおこなったと考えられる三万田東原遺跡のIV地点からは、溝砥石は出土しなかった。重要な玉作りの道具の1つであるのに、なぜ出土しなかったのか？　この理由につい

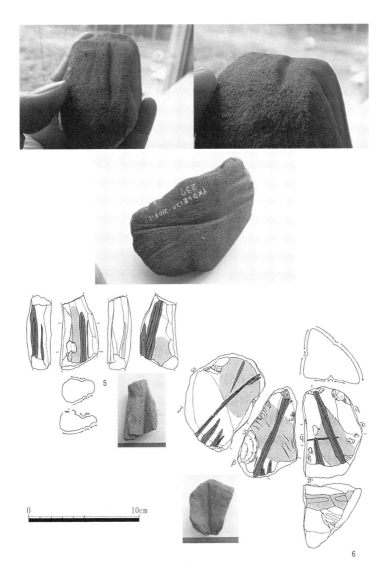

図44 山海道遺跡出土の溝砥石 （熊本県教育委員会所蔵）

ては、2つの可能性が想定される。1つは、今回発掘調査をおこ
なった範囲からは出土しなかっただけで、周辺に残されているとい
うこと。もう1つは、Ⅳ地点での玉作りでは溝砥石が必ずしも必要
ではなかった、ということだ。前者の可能性は、今後発掘調査をし
てみなければ、正しいかどうかはわからない。後者の可能性について
は、三万田東原遺跡のようにクロム白雲母製玉が出土している遺跡
と比較することにより、検証できそうだ。

溝砥石の使用実態　熊本県の北部には、縄文時代後期後葉に玉作り
をおこなったと考えられる遺跡として、山海道遺跡・太郎迫遺
跡・ワクド石遺跡などがある。このなかで、完成品のほか、素材や
未成品を回収するなどして、発掘調査の条件や精度が三万田東原遺
跡と似ている山海道遺跡を比較対象としてみよう。山海道遺跡は熊
本市の北西に位置する金峰山三ノ岳の裾野に位置し、三万田東原遺
跡のように三ノ岳から東北東にのびる丘陵上に立地している。三万
田東原遺跡からは南西に約13kmの距離である。この山海道遺跡か
らは、6点の溝砥石が出土している。

　溝砥石については、先述したように、玉の研磨のための前後運動
により溝ができたもの、とされる。しかし、これ以上のことはなか
なか語られることはない。そこで、最初に溝砥石の使用実態につい
て確認しておこう。

　山海道遺跡出土の砥石には、大小・長短さまざまな溝が刻まれて
いる。これらを詳細に観察すると、次のような3つの特徴が確認で
きた。

　①直線的で長い溝をよく観察すると、溝の長軸が途中でズレてい
て、一定の長さの溝がいくつか連続した集合体であることがわか

る。石の全体に及ぶような長い溝は、大きく長く前後運動をしてい
たのではなく、一定の長さの溝が深くなり研磨作業が困難になる
と、場所を少しずつ変えていった結果だと考えられる。前後運動に
より一定の長さの溝ができるような研磨・研削の対象となるのは、
玉のなかでも管玉と想定される。また、溝にはやや短く両端が浅く
なる船底状のものがある。この、短くやや細い溝は、管玉のような
細長い形状の玉ではなく、勾玉の頭部・背・尾など、各種玉の端部
を研磨したものと想定される。

　②溝砥石とは、研磨の痕跡としての溝が刻まれているものと説明
される。そうすると、溝の部分が研磨の機能を果たしたように考え
られるが、筆者が観察したほとんどの砥石では、溝が刻まれている
面に、広く研磨で摩耗した部分があることに気づいた。つまり、溝
砥石と面的に研磨する砥石が同一の面に共存しているのである。こ
のことから、管玉の研削・研磨だけではなく、勾玉や小玉の平面な
どの面的な研削・研磨も、1つの砥石でおこなったことがわかっ
た。多くの砥石には複数の砥石面があり、各砥石面にこうした痕跡
が残されているのは、1つの砥石面での機能の限界、多くは溝の深
さと場所だと考えられるが、この限界を迎えるたびに使用する砥石
の面を次々に転じていった結果であり、砥石の最終的な姿だといえ
る。

　③砥石で何かを研ぐ様子というと、大きな重い砥石を床に置い
て、対象物と手を動かす状況を想像するだろう。そして、玉を溝砥
石で研磨するのも、同じような状況が想定される。このような砥石
を、ここでは「置き砥石」と呼ぶ。ところが、山海道遺跡から出土
した砥石は、いずれも筆者の手にも十分に収まる程度の大きさであ

る。このくらい小ぶりな砥石となると、もともと砥石自体が整った直方体や立方体ではないため床に置くとかえって不安定であり、作業時の姿勢も決して楽ではないと考えられる。

このような、小型の砥石の場合は、片手に砥石を持ち、もう片方の手で玉の方を動かして使用したのではないかと考えられる。そのようにすれば、研磨の具合をより間近で確認しながら作業を進めることができ、作業時の姿勢も楽だったと考えられる。このような砥石を、ここでは「持ち砥石」と呼ぶ。

玉の種類と砥石　山海道遺跡から出土した溝砥石の観察で、溝がどのように刻まれていくのかを検討してみた。ここでは、実際に出土した玉との関係を確認してみよう。

山海道遺跡からは77点のクロム白雲母製玉が出土している。その種類をみると、管玉が46点、勾玉・垂飾が合わせて17点、小玉が13点、不明1点で、管玉が半数以上を占めており、山海道遺跡では管玉をもっとも多く製作している（図45）。これは、先に溝砥石の痕

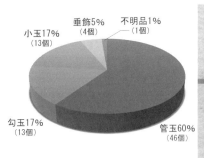

垂飾5%
（4個）

不明品1%
（1個）

小玉17%
（13個）

勾玉17%
（13個）

管玉60%
（46個）

（熊本県教育委員会所蔵）

図45　山海道遺跡出土の玉の種類別割合と出土管玉未成品

跡から想定した玉の種類と合致する。溝砥石は、管玉の製作にかかわる砥石である可能性がきわめて高いようだ。これをふまえて、三万田東原遺跡での玉作りを検討してみよう。

　三万田東原遺跡のⅣ地点では、小玉を専門に作っていたと考えられる。小玉を加工するときの実際の作業の様子を復元してみよう。小玉は研磨前の原形段階でも直径は約 8 mm 前後、厚さ 3 〜 4 mm の小さなものだ。工程 2・4 で、この小さな玉を溝砥石で研削・研磨する場合、指先でしっかりと摘まみ、砥石に擦りつけることになる。しっかりと摘まんでいなければならないが、あまりにもしっかり摘まもうとすると、指先までが砥石に接触して擦れてしまい、なかなか困難で厄介な作業状況である（図12左）。勾玉は小玉より平面が広いため指先が砥石に接触しないようにもつことができるし、管玉は指先でおさえて前後させることができる。しかし、小玉の周縁部を研削・研磨しようとする場合には、指で押さえてもタイヤを転がすように転がってしまい、上手く研削・研磨することができない。小玉の研削・研磨には、溝はかえって不都合なのである。

　三万田東原遺跡では、先述したように1969年にも発掘調査が実施されている。ちょうどⅡ地点の範囲で、Ⅳ地点からは北に170 m の地点で、2条の溝がある溝砥石が出土している。このとき検出された竪穴建物からは獣形勾玉が出土しており、小玉以外の玉を製作していたと考えられる。

　このようにみると、溝砥石は管玉を中心とした勾玉などの、一定の長さの前後運動による研磨を必要とする部分をもつ玉の製作に関わる砥石であると考えられる。三万田東原遺跡のⅣ地点は、小玉専門の製作遺跡で溝砥石を使用していなかった可能性が高いと考えら

0   2cm

図46 三万田東原遺跡Ⅳ地点出土の持ち砥石

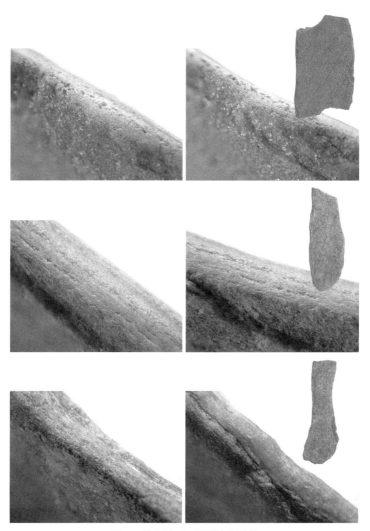

図47　持ち砥石の刃部拡大写真

れる。溝砥石が出土しなかった理由、それは作る玉の種類と製作上の必要性が大きく関わっているのだろう。

　手にもつ砥石　では、小玉の研磨と研削はどうするのだろうか？じつは、発掘調査中に気になる石器があった。薄く細長いヘラ状の石器で、長軸の両側縁はツルツルに摩耗し、内湾するように変形している（図46・47）。大きさは、長さが5～11cm、幅は2～4cm、厚さは3～7mmでよく手になじむ。大学で出土した遺物をあらためて点検すると、全部で14点出土しており、加工に際して生じた細かい破片も沢山出土していた。小玉と溝砥石の関係やこの石器の形態から、1つの可能性が浮上した。つまり、このヘラ状の石器は、手にもって玉を磨く砥石ではないかと。小玉の平らな表裏は、指先で押さえながら、広い砥石面を滑らせれば研削・研磨することができる。問題は、先述したとおり、周縁部だ。

　溝砥石を含む砥石の使い方は、砥石を固定して磨く対象物を動かす。しかし、発想を変えて、図12右のように対象物である小玉を指先で固定し、指の間でこのヘラ状の石器を動かすと、指先が砥石で擦れることもなく、問題なく研削・研磨できる。石器の両側縁が摩耗していること、内湾していることは、小玉の周縁部を研削・研磨した動作の結果と一致する。持ちやすい大きさであることからも、手にもって使う「持ち砥石」であり、Ⅳ地点ではこの砥石を使って玉を製作していたと考えられる。山海道遺跡の手に収まる大きさの溝砥石も手にもつことから「持ち砥石」である。この、ヘラ状の石器との違いは、砥石と玉と、どちらを動かすかだ。山海道遺跡の持ち砥石は、置き砥石と同じく、玉の方を動かす。ヘラ状の石器は、玉を固定するという違いがある。

ヘラ状の石器は、紅簾片岩という石でつくられているが、1点は黄金色で薄い、異なる石でつくられたものがある。この1点の両側辺の摩耗したところは、ほかのどの石器と比べても格別に滑らかな手触りである。また、紅簾片岩製のヘラ状の石器の両側辺は、摩耗具合と手触りが微妙に違う。サンドペーパー（砂やすり）の目の細やかさには、いろいろな段階があるように、ヘラ状の石器の目にも細やかさにある程度段階があり、玉作りの段階に合わせて使い分けていた可能性が考えられそうだ。

　砥石再考　これまでの玉の製作に関わる砥石の検討で、砥石に残される溝などの研削・研磨の痕跡は、製作する玉の種類によって異なることがわかった。そして、縄文人は磨く玉の大きさや形によって、固定する砥石と手にもって使う砥石とを、巧みに使い分けて対応していることがわかった。砥石の使用状態や使用方法も、じつは多様であると考えられる。整理すると、研磨対象を管玉や勾玉などとする溝砥石は、大きさにもとづいた使用状態から、①床に置いて使う「溝砥石（置き砥石）」と、②手にもって固定して使う「溝砥石（持ち砥石）」に分けられる。いずれも砥石を固定し、研磨の対象物を動かす。これとは別に、小玉を研磨対象とし、③研磨の対象物を固定して、手にもって動かすことで、砥石として機能するものを「持ち砥石」と分類できる（表2）。

　これまでみてきたように、溝砥石は玉の製作において重要な道具と認識されていたため、玉の製作遺跡では調査中や整理作業の段階

表2　砥石の使用法と呼称

	①溝砥石（置き砥石）	②溝砥石（持ち砥石）	③持ち砥石
使用状態	床に置く	手に持つ	
使用方法	玉（手）を動かす		砥石を動かす

で、溝砥石の出土に注意が払われてきた。しかし、今回の玉の種類と砥石の関係の検討結果からは、「玉の研磨＝溝砥石」という概念が定着するとともに、溝砥石以外の砥石の存在が見落とされてきたかもしれないという懸念も浮上した。

　熊本県下で、端部が摩耗した紅簾片岩製石器に注意が払われた遺跡が1カ所ある。2008～2010年に熊本市教育委員会が発掘調査を実施した東中原遺跡である。三万田東原遺跡の南西約5.8km、山海道遺跡の北北西約1.5kmに位置する。現在は、道の駅すいかの里植木になっている。東中原遺跡の紅簾片岩製の石器の摩耗部分は、多くが直線状か外反しており、調査担当者は土器の器面調整にヘラのように使用したのではないかと推察している。三万田東原遺跡の持ち砥石とは反対に、外反している形状からすれば、その石器は確かに土器の器面調整に使用した可能性が高いと考えられる。しかし、一方で、東中原遺跡ではクロム白雲母製玉の製作をおこなっており、持ち砥石として利用した可能性も考えられる。ちなみに、溝砥石5点と管玉も出土している。

　このようなことから、これまでの玉の製作遺跡の発掘調査では、溝砥石以外の持ち砥石が見落とされている可能性は高いと推察される。これまでの発掘調査の成果において、出土石器の再点検が必要と考えられ、また、今後発掘調査を実施する際には、溝砥石以外の砥石にも注意を払う必要がある。

⑺ まだみぬ原産地へ

　クロム白雲母製玉は、九州ブランドとして広く西日本に分布する石製装身具であるが、クロム白雲母の原産地は、先述したようにま

だわかっていない。三万田東原遺跡は、早くにクロム白雲母の利用
をはじめた遺跡の１つで、再度の発掘調査では原石の出土にも恵ま
れた。最後に、三万田東原遺跡の発掘調査で出土した原石から、未
発見の原産地に関する手がかりとクロム白雲母の利用状況を概観し
よう。

クロム白雲母を求めて　三万田東原遺跡の発掘調査では、クロム白
雲母の原石がたくさん出土したが、そのなかには変わった特徴を備
えたものがある。たとえば軽石のように表面がデコボコとして、朱
色で一見すると錆びたようであり、ところどころ半透明の緑色の部
分があるもの。三万田東原遺跡には１点、この石材で作られ、穿孔
途中で割れたと考えられる状態の玉が出土している。また別の原石
では、錆のような外側の内部が、石英なのか、透明～半透明の白～
灰色の石で、ところどころ緑色の部分になっているものがある。

　この石を福岡市埋蔵文化財センターで、非破壊で成分がわかる蛍
光Ｘ線分析とＸ線回折という方法で分析してもらった。分析の結
果、白い部分は石英で白雲母が混じっている状況が想定されるこ
と、緑色の部分では、珪素（Si）を中心にアルミニウム（Al）、カ
リウム（K）、クロム（Cr）、鉄（Fe）がおもに含まれていること
がわかった。これらの石英が主体をなす白～灰色の石は、クロム白
雲母とはみた目が異なるが、ここに挙げられた元素はクロム白雲母
と共通することと、後述するが錆のような独特の表面の石で作られ
た玉を筆者が過去にみていた記憶が引っかかった。筆者は、こうし
た岩石の塊のなかで、とくにクロム白雲母として美しい部分を利用
したのではないか、石英に注目したことはなかったが、石英も原産
地探求の手がかりになるかもしれないと考えたのである。

さて、岩石は、火成岩・変成岩・堆積岩のように岩石の生成条件で分類される。そして鉱物、たとえば緑柱石は「ペグマタイトや花崗岩、一部の広域変成岩中に生成する」という具合に、それらが生まれる環境・場所というのはある程度限定されている。これらを端的に示したのが、地質図だ。地質学者が、丹念に踏査して作り上げた、岩石・鉱物の分布図である。クロム白雲母は変成帯に生成する鉱物だから、変成帯で探すことになる。

　熊本県内の変成帯は、県の南に位置する九州を横断する中央構造線がよく知られているが、三万田東原遺跡からは遠く離れている。もう少し三万田東原遺跡の近くにないかと探してみると、三万田東原遺跡の西7〜14kmに、木の葉変成岩類という変成岩が分布する山々がある（図48）。木の葉変成岩類は、一部に結晶質石灰岩を含

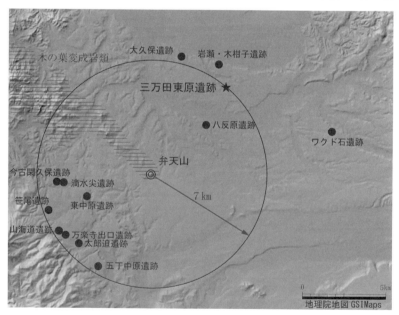

図48　木の葉変成岩類と玉製作・出土遺跡分布図

弁天山の露頭

弁天山を望む（南東より）

岩野山を望む（南より）

岩野山の露頭

図49　弁天山・岩野山の露頭

む各種結晶片岩類で構成される、といわれる。東西に細長く続く山々の東端には、円錐形で美しい弁天山という山があり、手頃なハイキングコースとして親しまれている。弁天山を挟んだ三万田東原遺跡の反対側、金峰山の裾に広がる台地にはクロム白雲母製玉が出土した遺跡が8カ所ほどあり、三万田東原遺跡側にも数カ所遺跡がある。図48でみると、遺跡が集中していることがわかるだろう。縄文人の1日の行動距離の目安といわれる半径7kmの円を、弁天山を中心に描いてみると、これらの遺跡群はおおむね円に収まる。物資の輸送が簡単ではなかった時代は、資源の原産地近くに多くの遺跡が立地する。弁天山では、石英の露頭をみることができる。石英は、めずらしくない石のため、ただちに弁天山が原産地と断定することはできない。しかし、弁天山を含むこの近辺で、クロム白雲母の原産地が発見される可能性も十分に考えられる。

　弁天山は独立した山で、高くはないがその美しい形状はランドマークに適している。縄文人は弁天山を目指して、あるいは目印にして、往き来していたのではないだろうか。

コラム：クロム白雲母と縄文人を辿る道

　九州の縄文時代後期後葉から晩期前葉の玉が、クロム白雲母製の九州オリジナルの玉とわかってから、原産地がわかればいいな、自分で発見したいな、と思うようになった。地質図の蛇紋岩帯の範囲を半透明のフィルムに書き写して、それを国土地理院の1/25000の地図に貼り、その地図を携えて時間があれば熊本県内の蛇紋岩帯に出かけるようになった。発見したときのためにと、GPSまで購入して、みつかる気満々で山中を歩いたのだった。先々で、小さく岩が割り取られているのを発見した。地質学者が、新鮮な岩を観察するためとも、サンプルを採った痕

ともきいたが、とにかく「誰かが先にここに来た」ことに、なぜだか闘
争心が湧いた。簡単にみつかるとは思っていなかったが、あるとき分析
でお世話になっている岩石の専門家に「なかなかみつからない」とこぼ
した。その人は、笑って「それはそうだ。歩いてみつけるのは、正直か
なり難しい。それより、川底の砂を調べたほうがいい。下流から上流へ
辿るのが、一番着実だ」と助言してくれた。そうして蛇紋岩帯のなかを
流れる川を目指して、何度か山に入った。あるとき、枯草をかき分けな
がら崖面を歩いて広い砂防ダムに降り立った。堆積した川砂一面にイノ
シシの足跡があった。水飲み場なんだな。ビニール袋に砂を入れようと
したとき、音がした。降りてきた枯草の間からイノシシがこちらをみて
いる。間合いは40ｍほどだったか。10分ほど静かににらみ合ったのち、
イノシシは去っていった。こんなこともあり、一人は危ないな、と反省
もした。それからも、原産地の候補地を流れる川を何度か訪れた。しか
し、川というより溝だ。いわゆる三面側溝というもので、両岸と底の３
面がコンクリートでがっちり固められている。土砂の流れ込みも少な
く、降りることもできない。現代に生きるわれわれの安全のためだ、仕
方ない、けれども悔しい。クロム白雲母とそれを運んだ縄文人の足跡を
トレースする道のりは、遠く険しい。

熊本から九州各地へ　鹿児島県垂水市の柊原貝塚でも、クロム白
雲母製玉が出土している。筆者は2001年に、初めてこれらを実見し

三万田東原遺跡出土原石と玉　　　　　　　柊原貝塚出土の玉

図50　三万田東原遺跡出土の特殊な原石と玉

た。このとき、１点の異様な風貌の玉が気になった。「なぜ、美しいとはいえない色で、その上ヘンテコな形の石で玉を作ったのだろう」と。それは、まさに全体が錆びたような朱色のデコボコした表面で、ところどころやや半透明の緑色の部分がある石だった。以後、同じ石の玉を目にする機会はなく、忘れることはなかったが縄文人の悪戯心から作られた偶然の産物かと考えていた。

よく野山を踏査して岩石の分布状態を調査している地質学の専門家に聞いても、玉に利用されているような深鮮緑のクロム白雲母をみたことはないという。クロム白雲母の原産地は、そう多くなく、縄文人が利用したとなればなおのこと、当時は少なかったと考えられる。クロム白雲母は、熊本県のどこかで産出し、九州各地へ運ばれたのではないかと考えられる。

約20年のときを経て、三万田東原遺跡の発掘調査で、この錆びたような朱色の特殊な石を実際に扱っていたことが明らかになり、柊原貝塚の玉とつながった。そのような視点で、これまでに実見した玉を振り返ると、熊本県下の資料には、まさに半透明の緑色で、朱色の縞模様や輝がある玉が数点含まれている。やはり、熊本県から九州各地へ、クロム白雲母がもたらされた可能性は、あらためて高いと考えられる。

成果と学び　三万田東原遺跡の発掘調査で、クロム白雲母を利用した玉の製作に関して、具体的な様子がわかった。まず、三万田東原遺跡のⅣ地点は、小玉専門の製作遺跡であることだ。いろいろな種類の玉を作るのが当たり前と考えられていたが、これは新たな発見である。いろいろな種類の玉を作る遺跡との関係性や違いは何か、これから解明すべき新しい課題が生まれた。次に、玉の製作工

程もわかった。道具に関することでは、小さな小玉に対応するために手にもって使う専用の砥石を使っていたことや、メノウ製の小さな石錐を穿孔具として使用していたことがわった。他の種類の玉、とくに細長く孔をあけなければならない管玉作りに用いられた穿孔具は、形態・使用状況は異なると予想されるが、具体的にはまだわかっていない。これもまた、新たな課題である。技術については、利用する石の硬度によって、加工する技術を使い分けていることもわかった。そしてもっとも重要なことは、こういった一連の検討を可能にするために、玉を製作した遺跡と考えられる場合、発掘調査で出た土を目の細かい篩で丹念に篩い、微細な遺物を逃さず回収したことが、大きな成果を生んだということである。

　最後に、クロム白雲母の原産地として、新たな地域が候補にあがった。原産地が判明すると、具体的な人々とモノの動きが追求できるようになる。九州各地へもたらされたと考えられるクロム白雲母の原産地、その発見の日が待たれる。

第8章 | 本遺跡の玉製作からみた日本列島の縄文文化

　「縄文文化は東高西低？」と、水ノ江和同は投げかけている。縄文文化は東日本優位といわれるが、本当だろうか、と。縄文時代の遺跡の数は、東日本と西日本では5対1で東日本が圧倒的に多い。この多さがくせものである。遺跡という研究資源の多さ、それに直結する考古学の研究者数や研究分野の幅、研究件数、結果としての膨大な研究実績が、東高西低観を無意識につくりだしているのではないかというのだ。東日本における貝塚の多さが、東高西低を印象付けているのだが、水ノ江は集落や貝塚など遺跡の種類の内訳の比率は、じつは東西ほぼ同じで、貝塚が多いことによる縄文文化の東高西低は数字上のみかけの現象だと指摘している。縄文時代における文化の影響方向も概して東日本から西日本へとされるが、その背景には遺跡数が多い地域から少ない地域へといった先入観が存在したのではないか、このことは縄文文化の本質を見誤らせている可能性があると警鐘をならしている。

　先入観の懸念は、石製装身具の研究においても、ヒスイとヒスイ原産地、および九州ブランドとの関係性で述べたとおりである。緑色の石をヒスイと誤認したこと、形態の類似も明確な根拠がないままに東日本の玉の模倣とされたこと、それにより九州において研究意識の醸成が進まなかったこと、などである。

　三万田東原遺跡で玉の原石を拾い、その分析からクロム白雲母製

玉の存在とその広がりが明らかになった。第2部の「第6章　三万田東原遺跡とクロム白雲母」の悉皆調査で触れたように、クロム白雲母製玉は東日本へと拡散した。この石材の解明と東日本への拡散状況の確認は、九州ブランドの存在を明らかにし、文化の影響方向が東から西への一方向ではないことを明示した。三万田東原遺跡で採集した原石が一役かった石材の同定、その意義は大きい。

　そして、Ⅳ地点の発掘調査では、クロム白雲母製の小玉の製作の実態が明らかになった。穿孔具や製作工程、持ち砥石の存在、砥石と玉の関係など、多くの新しいことが明らかになった。Ⅳ地点が小玉専門の製作跡だったことも、大きな成果だ。これまで、勾玉・管玉・小玉はセットであり、同一の製作跡（工房のような役割をになった竪穴建物）で製作されていたと考えられていた（これもまた、先入観の罠である）。もちろん、山海道遺跡のように多種類の玉を製作している遺跡はあるのだが、Ⅳ地点での発掘調査の成果は、最初からこれらの玉がセットではない可能性を暗示する。クロム白雲母製の勾玉と管玉の形態は、じつに特徴的である。筆者は、いわゆるコの字勾玉の曲がり具合をみて、これが動物の牙や爪を模倣しているとは、どうしても考えられない。管玉も、細く長くという意匠・嗜好がうかがえる。このような管玉は、ヒスイという石材上の理由のためか、東日本ではほとんどみられない。九州の縄文人は、いったい何を象徴して、コの字形勾玉や細さと長さにこだわった管玉を創り出したのだろうか。今のところ、これらに対する答えはない。しかし、クロム白雲母製の各種類の玉が、どのような意味をもって、どのように出現し、組み合わさるのか、この解明は、なぜ九州の縄文人が石製装身具を使用しはじめたのか、その理由と背

景、精神世界を解明する手がかりとなる。

　縄文時代後期後葉から晩期（九州では晩期初頭）、緑色の石で作るアクセサリーが日本列島で流行するが、細部はそれぞれに特徴がある。九州ブランドが、東日本の文化の単なる模倣でないということは、九州の縄文人が、玉に投影した精神世界とそれを支えた生活背景が、東日本の縄文人とは異なるということだろう。一方で、東日本の影響と考えられる土偶の出土数は、九州のなかでも熊本県は随一を誇る。もちろん、三万田東原遺跡でも、多くの土偶が表面採集され、出土もしている。九州ブランドの玉を製作・使用する一方で、東日本から伝わってきた土偶へも心を寄せている。

　三万田東原遺跡は、まさに縄文文化の多様性をわれわれにみせてくれる遺跡である。

引用・参考文献

江坂輝弥 1959「日本各地の縄文土器型式編年と推定文化圏」『世界考古学大系』Ⅰ　平凡社

大坪志子 2015『縄文玉文化の研究—九州ブランドから縄文文化の多様性を探る—』雄山閣

大坪志子 2021『三万田東原遺跡の研究』2017年度～2021年度　科学研究費補助金　基盤研究（B）研究成果報告書

乙益重隆 1954「肥後縄文式土器の編年」『肥後上代文化史』郷土文化叢書8　日本談義社

乙益重隆 1957「原始時代　一　石器時代の熊本」『熊本県の歴史』文画堂

乙益重隆 1958「第一章　肥後のあけほの　三　土器のさまざま」『熊本の歴史』1　熊本日日新聞社

乙益重隆 1965「10　九州西北部」『日本の考古学』Ⅱ　河出書房新社

乙益重隆・前川威洋 1969「縄文後期文化　九州」『新版　考古学講座』3　先史文化　雄山閣

賀川光夫 1956「Ⅲ　各地域の縄文式土器　九州」『日本考古学講座』3　河出書房

河野義禮 1939「本邦に於ける翡翠の新産出及びその科学性質」『岩石鉱物鉱床学』第22巻第5号　日本岩石鉱物鉱床学会

熊本県教育会菊池郡支会 1973『菊池郡誌』熊本県教育会菊池郡支会編

熊本県教育委員会 1969『昭和43年度埋蔵文化財緊急調査概報　伝鞠智城跡　三万田遺跡』

故本山社長伝記編纂委員会 1937『松陰本山彦一翁』大阪毎日新聞社・東京毎日新聞社

小林久雄 1935「肥後縄文土器編年の概要」『日本先史土器論』考古学評論第1巻第2号　東京考古学

小林久雄 1935「肥後縄文土器補遺」『日本先史土器論』考古学評論第1巻第2号　東京考古学

小林久雄 1939「九州の縄文土器」『人類学・先史学講座』第11巻　雄山閣

小林久雄 1965「第1章 原始　第一節 縄文時代　一 縄文文化」『城南町史』

坂本経堯 1937「鞠智城に擬せられる米原遺跡に就いて」『地歴研究』第10編 第5号 熊本地歴研究会

坂本経堯 1947「二. 縄文式文化期」『考古学上より見たる肥後の黎明』

坂本経堯 1951『小国田の原―考古随想―』私刊プリント

坂本経堯 1979『肥後上代文化の研究』坂本経堯先生著作集刊行会編集 肥後上代文化研究所

坂本経堯 1983『肥後上代文化資料集成』肥後上代文化研究会

泗水町史編集委員会 2001年『泗水町史 上巻』泗水町教育委員会

泗水町教育委員会 1972『三万田東原―調査概報―』泗水町教育委員会

島田貞彦 1941「日本発見の硬玉について」『考古学雑誌』31-5 日本考古学会

鈴木重治 1962「九州に於ける縄文土器の編年」『先史学研究』4 同志社大学先史学研究室

茅原一也 1958「新潟県青梅地方の jadiete rock について」『藤本治義教授還暦記念論文集』藤本治義教授還暦記念会

茅原一也 1960「新潟県青海・小滝地方の硬玉（翡翠）」『新潟縣文化財調査報告書 天然記念物編』新潟県教育委員会

堤克彦 1991「第三章 通史 一 原始時代 （二）縄文時代」「第三章 通史 六 現代 （五）発展する郷土」『七城町誌』七城町

寺師見國 1947『鹿児島縣下の縄文式土器分類及び出土遺蹟表』鹿児島県肇国聖蹟調査会

寺村光晴 1969「硬玉の新産出と硬玉問題」『信濃』21-4 信濃史学会

富田紘一 1977『鳥井原遺跡調査報告』熊本市教育委員会

富田紘一 1979「第一章 原始・古代 第二節 縄文時代」1979『北部町史』北部町

富田紘一 1983「太郎迫遺跡の縄文土器（1）―太郎迫式土器の設定―」『肥後考古』4号 肥後考古学会

富田紘一 1987「太郎迫遺跡の縄文土器（2）―太郎迫式土器の設定―」『肥後考古』6号 肥後考古学会

富田紘一 1994「三万田式土器」『縄文文化の研究』4 雄山閣

富田紘一 2001「第一章 原始・古代の泗水町」『泗水町史』上巻 泗水町

林 勘 1988「第一章 原始・古代 第一節 縄文時代」『合志町史』合志町

東光彦 1953「千原台の遺跡について」『熊本史学』熊本史学会

久川主税 1972『三万田東原の歴史と伝承』

平岡勝沼 1960『試案　九州縄文土器集成Ⅰ』私刊プリント

古荘重遠 1978『泗水小史抄』熊本史談会

水ノ江和同 1997「北部九州の縄文後期・晩期土器—三万田式から刻目突帯
　　文土器の直前まで—」『縄文時代』8　縄文時代文化研究会

水ノ江和同 2020『入門　埋蔵文化財と考古学』同成社

水ノ江和同 2022『縄文人は海を越えたか？』朝日選書1028　朝日新聞出版

宮内克己 1981「三万田東原式土器の研究」『古文化談叢』第8集　九州古文
　　化研究会

村上恭通 2022「わたしを語る　鉄の歴史を追い求めて⑧」『熊本日日新聞』
　　2022年4月19日17頁

山内清男 1937「縄紋土器型式の細別と大別」『先史考古学』第1巻第1号
　　先史考古学会

八幡一郎 1941「硬玉の礦脈」『ひだびと』9-6　飛騨考古土俗学会

写真図版出典・所蔵・提供一覧

図 1　水ノ江 2022を改変
図 2　水ノ江 1997をもとに作図
図 3　坂本 1983を改変
図 4　小林 1965
図 6　泗水町教育委員会 1972
図14　大日本帝国陸地測量部（明治34年測図、同35年製版、同44年第 1 回修正測図、大
　　　正 3 年改版）
図17　小林 1939
図18　熊本県立図書館所蔵
図19　熊本県教育委員会 1969
図20　大坪 2021を改変
図22　江坂 1957
図24　北九州市立いのちのたび博物館森康氏提供
図25　大坪 2015を改変
図26　大坪 2015を改変
図27　大坪 2015
図28　大坪 2021より改変
図44　大坪 2021より改変。写真：熊本県教育委員会所蔵
図45　写真：熊本県教育委員会所蔵
図48　大坪 2021より改変
※著者作成・撮影のもの、遺跡発掘調査報告書は紙面の都合で略す。

あ と が き

　2006年、三万田東原遺跡で拾った緑色の石が、筆者を九州縄文人のアイデンティティたるクロム白雲母製玉文化の世界へと導いてくれた。以後、筆者はクロム白雲母製玉を追いかけている。クロム白雲母製玉を「九州ブランド」と称して研究しているが、冗談交じりに「大坪さんはヒスイ（文化）を否定したいの？」といわれたことがある。そうではない。ヒスイはいうまでもなく、縄文時代中期から古墳時代にわたって長く利用された、考古学的に最も重要な石製装身具の石材だ。筆者はただ、ヒスイというビッグネームのもとに隠れてしまっていた九州ブランドを知ってほしい、評価してほしい、その一心である。

　九州の縄文時代後晩期の玉の石材を約半年かけて悉皆調査し、約70％がクロム白雲母製だと判明したときには、その意外性に心が躍った。しかし、すかさず「それがどうした」という指摘を受ける。確かに石材の分析（同定）は、遺物の一属性を確認したにすぎない。この指摘を受け、「考古学的な遺物の分析はこれからだ」と自分自身を戒めた。そんなことを経ながら、クロム白雲母製玉を追いかけはじめて、筆者の石製装身具の見方はそれまでとは大きく変化していったと自覚する。

　クロム白雲母製玉の所属時代や分布を確定したうえでのその考古学的意義、それまで取りざたされていた朝鮮半島との関連性の有無などを一通り把握できた。次はやはり、製作実態の解明だ。明確な

目的意識を持って製作遺跡を発掘調査する必要があるが、はたしてどの遺跡を発掘調査しようかと悩むことになった。候補は2カ所あったが、筆者にとっての「原点」、三万田東原遺跡を選んだ。そして念願の穿孔具（石錐）が、穿孔途中の玉と一緒に水洗中の泥水の中から姿を現した瞬間、さらにはヘラ状の石器が砥石ではないかと直感した瞬間、これらは筆者にとって忘れえぬ経験となった。発掘調査は当初、製作遺跡本体に当たらず苦戦したが、三万田東原遺跡からは再び大きな恩恵を受け取った。筆者の研究の軌跡は、三万田東原遺跡とともにある、と心から思う。

縄文時代後期後葉の大集落遺跡だったと推定される三万田東原遺跡は、本書に記したように圃場整備事業により大きな改変を受けた。主要な部分は失われ、発掘調査ではその傷跡をみることとなったが、まだまだ考古学上多くの示唆を与えてくれる遺跡であることも確認している。学史に残る三万田東原遺跡が、次世代への遺産として保存・活用されることを願ってやまない。

筆者の恩返しは、研究や発掘調査資料の活用をとおして遺跡保護（＝保存・活用）の一助となることである。本書もその1つとなりますように。

本書の軸となる三万田東原遺跡と玉の話は、石材同定と悉皆調査からはじまった。その道程において、当初の膨大な数の分析を担っていただいた比佐陽一郎氏、携帯型分析器の利用で分析活動を広げるにあたり助言・協力をいただいた森康氏には、深甚の感謝と御礼を申し上げたい。そして日頃より、また本書を執筆するにあたり、多大な御協力・御教示いただいた皆様には、以下、記して感謝申し

上げる（五十音順・敬称略）。

　小畑弘己・河合章行・菊池市教育委員会・木下尚子・熊本県教
　育庁文化財課・甲元眞之・德永文代・水ノ江和同・美濃口紀
　子・菊池市三万田地区の皆さま

　2023年 8 月

大坪志子

水ノ江和同　近江　俊秀　監修「新日本の遺跡」①

三万田東原遺跡

■著者略歴■

大坪　志子（おおつぼ・ゆきこ）

1971年、福岡県生まれ

熊本大学大学院社会文化科学研究科文化学専攻（後期博士課程）修了

現在、熊本大学埋蔵文化財センター（准教授）

主要論著　『縄文玉文化の研究―九州ブランドから縄文文化の多様性を探る―』雄山閣、2015年。「九州玦状耳飾の研究」『九州考古学』第90号、九州考古学会、2015年。「九州における弥生勾玉の系譜」『考古学研究』66-1、考古学研究会、2019年。『三万田東原遺跡の研究―縄文時代後期後葉の石製装身具製作遺跡―』熊本大学埋蔵文化財調査センター、2021年。

2023年11月30日発行

著　者　大　坪　志　子
発行者　山　脇　由紀子
印　刷　亜細亜印刷㈱
製　本　協　栄　製　本㈱

発行所　東京千代田区平河町 1-8-2
（〒102-0093）山京半蔵門パレス
TEL　03-3239-1467　振替　00140-0-20618
㈱ 同成社